EDITA
TU
VIDA

Elisabeth Sharp McKetta

EDITA TU VIDA

Una guía para vivir con intención
en un mundo desordenado

Diana

Edit Your Life: A Handbook for Living with Intention in a Messy World,
© 2023 by Elisabeth Sharp McKetta

Diseño de portada: Planeta Arte & Diseño / Raúl Aguayo
Fotografía de la autora: © Fiona Montague
Traductora: Tania Reséndiz Rodríguez
Formación: Alejandra Ruiz Esparza

Derechos reservados

© 2023, Editorial Planeta Mexicana, S.A. de C.V.
Bajo el sello editorial DIANA M.R.
Avenida Presidente Masarik núm. 111,
Piso 2, Polanco V Sección, Miguel Hidalgo
C.P. 11560, Ciudad de México
www.planetadelibros.com.mx

Primera edición en formato epub: julio de 2023
ISBN: 978-607-39-0343-1

Primera edición impresa en México: julio de 2023
ISBN: 978-607-39-0338-7

Impreso en los talleres de Litográfica Ingramex, S.A. de C.V.
Centeno núm. 162-1, colonia Granjas Esmeralda, Ciudad de México
Impreso y hecho en México — *Printed and made in Mexico*

Para cualquiera que desee vivir una vida más deliberada
y no sepa por dónde empezar:
este libro es para ti.

Y para mis hijos sabios, locos y amados,
que eligieron sus propios seudónimos.

Y siempre para James.

ÍNDICE

BIENVENIDOS

Gracias por consultar esta obra. Deseo que sirva como una especie de libro organizador para el alma, que ofrezca ideas, tanto prácticas como filosóficas, para moldear cualquier vida hasta su forma ideal. Traté de escribirlo del mismo modo en el que hablaría con un amigo o amiga mientras nos sentamos juntos en la terraza a observar la noche cerrarse a nuestro alrededor, mientras bebemos vino o té y hablamos hasta altas horas de la noche sobre nuestras vidas.

La edición es un acto de cambio; requiere preguntar «¿Qué es esto ahora mismo?» y «¿Qué debería ser?». Editar significa evaluar la forma que algo requiere tomar y eliminar lo innecesario. Los principios son los mismos, ya sea un libro o una relación, una cocina o una filosofía de crianza. En esta obra usaré el término *edición de vida*, que significa justo eso. Este libro no trata sobre la edición de tu casa (aunque se aplican los mismos principios a la curaduría de una postura sobre la vida que a la curaduría de objetos en una casa), ni se trata de la edición literaria, aunque me basaré en mi experiencia como editora para compartir las habilidades más aplicables a la vida.

La edición es una habilidad que nos ayuda a ver cualquier asunto con claridad: mirar y volver a mirar. Este texto aborda habilidades que trascienden los aspectos específicos de nuestras vidas: ya sea que tengas pareja o no, dependientes o no, un trabajo, una carrera o una vocación, donde sea que vivas y lo que percibas, puedes usar los principios de la edición de vida para repensar cómo pasas tus horas, días y años. Compartiré mi propia experiencia y espero que la utilices para reflexionar sobre la tuya. Los pormenores de tu vida son tan específicos para ti como lo son los míos para mí y, debajo de esos detalles, todos tratamos de vivir una vida que sea digna de nosotros.

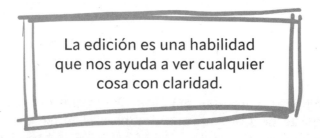

La edición es una habilidad
que nos ayuda a ver cualquier
cosa con claridad.

A menudo, la vida se edita sola para nosotros. Esto es inevitable. No podemos controlar el mundo fuera de nuestros hogares. En muchos casos, no es posible ni siquiera controlar el mundo *dentro* de nuestros hogares. La vida está llena de cambios, incluso si no los atraemos. Debemos responder tanto a los cambios que implican ganancias, como enamorarse, encontrar un nuevo empleo, comenzar la escuela, tener un bebé, mudarse a un nuevo lugar; y a cambios que implican la pérdida, ya sea de un ser querido, de un trabajo, de un hogar, de la salud (¡hola, pandemia!) o todo lo anterior. Cualquier crisis nos obliga a realinearnos, y ni se diga si es una mundial sin precedentes. Cuando perdemos cosas que hemos sentido ciertas y necesarias, la vida se edita para nosotros en contra de nuestra voluntad y nos vemos obligados a reevaluar, muchas veces en un momento inconveniente.

Si bien la edición defensiva (editar en respuesta a los cambios) es algo que todos debemos hacer en ocasiones, este libro propone una *edición de vida proactiva*: no esperar «el momento adecuado», sino editar ahora, en cualquier situación, como una forma de tomar una decisión activa en la configuración de nuestras vidas en torno a lo que más importa. De esta forma, podremos tomar decisiones con la mayor claridad posible sobre lo que nuestra vida necesita y pretende ser. Podemos editar nuestras necesidades a lo esencial, revisar y priorizar nuestros valores, y luego descubrir la mejor manera de continuar, con un poco de reflexión, una mente abierta y la voluntad de probar algunos cambios simples. Todos nos hemos visto obligados a editar y nos veremos forzados a hacerlo de nuevo, y mi esperanza es que esta obra tome ese hecho inevitable y lo convierta en una búsqueda que cualquiera puede hacer con un sentido de claridad, valor, autoestima, ingenio e incluso alegría.

¿Cuál es el mejor momento para editar? La mayoría de la gente edita cuando llega una crisis o la vida cambia: cuando la relación falla, el dinero es demasiado escaso como para ignorarlo, el ambiente de trabajo inadecuado genera problemas de salud o agotamiento emocional, los niños crecen o alguna otra intervención que requiere que cambiemos nuestra postura. Una forma más sabia de editar es antes de que eso suceda. Cada vez que tu vida se sienta fuera de lugar. Siempre se puede editar el camino de regreso, o parte de este camino, según sea necesario. Una gran cantidad de decisiones en la vida pueden revisarse o revertirse.

El riesgo de esperar conlleva a un probable arrepentimiento. Al no editar cuando nuestra vida no encaja del todo, nos perdemos de prestar mejor atención, deseamos que estas desaparezcan o que fueran diferentes. El riesgo de esperar también viene con el riesgo de la desconexión: la sensación de que todas las partes de nuestra vida, incluida su gente, se han reducido a elementos de una lista interminable. Esto conduce a un sentimiento de claustrofobia cotidiana, de pena y culpa por haber abandonado lo esencial.

Por eso, no importa dónde te encuentres o cuándo leas esto, si tomaste este libro con una pregunta en mente acerca de tu vida y cómo podrías mejorarla, el momento de editar es ahora.

Cuando editas de manera proactiva, no es que te vuelvas a prueba de crisis, eso no es posible, sino que aumentas la probabilidad de que futuras crisis no surjan de tus elecciones y hábitos, y que cuando la vida te obligue a elegir, lo puedas hacer con relativa facilidad. La edición allana el camino para que te conectes de manera profunda contigo mismo y con las elecciones que has hecho. La edición garantiza la confianza en uno mismo: que no te arrepentirás del papel que desempeñaste en tu propia vida.

La mayoría de las veces, cuando aprendemos algo con esfuerzo nos convertimos en mejores maestros que cuando las cosas se nos dan de forma natural. Escribí este libro porque lucho con esto. He diseñado mi vida en torno a estos principios, y, aunque no los sigo al pie de la letra, sí soy mejor por intentarlo.

Cualquier escritor sabe que la buena redacción no proviene de sus primeros borradores aceptables, sino de una buena edición. Como editora profesional y profesora de escritura, paso miles de horas cada año hablando con escritores sobre cómo editar su trabajo de la mejor manera posible. A menudo, estas conversaciones toman un giro más personal en la vida del escritor. ¿La vida que llevan sustenta el trabajo que se esfuerzan por hacer? Las ideas y herramientas de edición (mirar de cerca, identificar las primeras elecciones, preguntar si es necesario y más) son aplicables a cada parte de nuestras vidas. Las habilidades de edición se convirtieron en mi hábito y en mi instinto. Así que, cuando mi familia estaba atrapada en una situación de vida que parecía insostenible, la forma más clara de avanzar fue preguntarme cómo podría editar para salir de ella.

Hace varios años, mi familia (mi esposo James, mi hija Cora de seis años, mi hijo Scott de tres años, dos labradores, uno viejo que murió a comienzos de esta aventura y otro joven) y yo, tomamos la decisión de mudarnos a nuestra casa de huéspedes con patio trasero de 80 m^2 en Boise, Idaho. Platicamos y elaboramos un plan, por seis meses, que satisfizo las necesidades de todos y algunos de nuestros deseos principales (deseos que los niños pidieron eran quedarse con sus juguetes favoritos y tener pijamadas: ambos cumplidos). Y luego nos mudamos.

En donde vivimos lo llamamos «el tejado». Tiene un piso de concreto color agua, una cocineta, un baño, una mesa de comedor extensible, que se pliega en un escritorio, y una escalera hacia una estantería de dos pisos, la cual conduce a un desván para dormir. Los niños tienen su propio dormitorio con una litera plegable. El tamaño del tejado es de aproximadamente una décima parte de una casa estadounidense promedio, lo cual nos mantiene cerca los unos de los otros. También es precioso de una manera práctica y sencilla. Hay espacio para todo lo que necesitamos y amamos, para nada más.

Nos mudamos aquí porque necesitábamos una gran edición. Hace mucho tiempo, vivíamos en una casa grande que esperábamos que sirviera como contenedor para todas las vidas que deseábamos vivir. Las cinco vidas que más me importan son: madre, escritora, maestra, esposa y amiga. Mi esposo tiene su propio conjunto de vidas y mis hijos están descubriendo las suyas. No obstante, por un tiempo, nos dominó una sola vida: habitantes de casa. Cinco años después, mi esposo y yo nos sentíamos lejos de ser las personas que deseábamos ser. Nuestras buenas intenciones para nuestras vidas se sentían perdidas en el desorden de nuestras obligaciones, las cuales se enfocaban en varias formas de tareas domésticas, como ordenar, pensar en limpiar, organizar y pagar la casa. Nos habíamos mudado a la casa con la esperanza de que nos proporcionara un telón de fondo seguro para nuestras vidas, lo cual sucedió; pero poco a poco, sus responsabilidades pasaron a un primer plano y se convirtieron en nuestras actividades principales. En un día cualquiera, parecía que dedicaba más tiempo a administrar el hogar que a escribir, enseñar, platicar con mi esposo y mis amigos o jugar con mis hijos: las partes de mi vida que más importaban.

Estábamos en crisis, aunque no sabíamos hasta qué punto. Todos los días nos enfrentábamos a los hechos de cuán fácil podía hundirse el barco que era nuestra vida. Hundirse en nuestra distracción; hundirse financieramente; hundirse en el trabajo de ayer; hundirse en nuestros hábitos; hundirse en un estado de desorden constante; hundirse en nuestras almas. Mi mayor agotamiento llegó cuando crucé el umbral del mundo exterior a la casa: porque *había tanto que hacer*. En casa, siempre hacía varias tareas a la vez y escuchaba a medias. Mi modo predeterminado se había convertido en distracción.

Necesitábamos liberar energía vital, editar algo, o nos perderíamos todos estos años, recordando solo el caos y nada de la belleza. La edición de vida que tuvo más sentido para nosotros fue un cambio radical: mudarnos a una casa tan pequeña que la escuela primaria local trajo a sus alumnos de primer grado a una visita para ver qué tan pequeña puede ser una casa (tuvieron que venir en dos turnos para que cupieran todos). Por supuesto, los cambios de vida no necesitan ser tan radicales para lograr el mismo objetivo. Hicimos una edición de vida a lo grande, aunque las ediciones más sutiles pueden ser igual de efectivas. Al enfrentarme a esa edición que tanto temía, aprendí el gran valor de aligerar la vida y cómo permitirme afrontarlo sin miedo.

Porque con la edición de vida viene una lección diferente para todos. Además de deshacerte de todas las cosas físicas y rastreables, te deshaces de un viejo equipaje emocional que te ha frenado. Para mí fue un sentimiento inconsciente de desempoderamiento, una espera de ser rescatada. Y se desvaneció como magia, cuando eliminamos las expectativas de otras personas sobre cómo debería ser la vida en el hogar. En nuestro salto, aprendí a autorrescatarme: que soy capaz, e incluso buena, para resolver problemas de manera creativa y colaborativa cuando estoy en apuros. Al reclamar este conocimiento, me deshago de la suposición invisible de que alguien más podría o debería resolver los problemas ordinarios de mi vida. No me había dado cuenta de que cargaba con esa suposición. ¿Cómo llegó ahí? ¿Qué hacía escondida en mi mente, sin invitación? Sin embargo, al mudarme al tejado, de repente reconocí que gran parte de la ligereza que sentía era la ausencia de ese antiguo temor.

Además, la edición de vida me enseñó a confiar a un nivel más profundo y nuevo. Por primera vez como adulto, podía confiar en que habría suficiente tiempo, dinero y energía para no tener que gastar mi vida preocupada ni estar en modo escasez. Esta confianza creció de manera gradual, a medida que aprendimos como familia a necesitar menos y disfrutar más de lo que teníamos; hacer menos actividades, cada una con mejor enfoque; gastar menos en las necesidades cotidianas; y ahorrar más para lo que viniera. Por mucho que haya durado esta época dulce y complicada, fue en una sola edición que rentamos la casa para irnos a vivir detrás de ella, tratando la vida en el hogar como una gran aventura. Sin embargo, los giros de esta edición fueron inmensos. Los niños aprendieron a compartir, a ordenar sobre la marcha, a elegir proyectos creativos que se pueden hacer en cualquier espacio y a convertirse en el tipo de viajeros que se sienten como en casa en cualquier lugar del mundo. Mi esposo y yo de repente teníamos mucho tiempo el uno para el otro.

Por primera vez, me sentí completamente emancipada. Había aprendido algo nuevo tanto de lo que yo estaba hecha como de lo que todos estábamos hechos.

Al practicar estos principios, también te librarás de algo: algún sentimiento arraigado que se interpone muy fuerte en el camino. En resumen, la edición de vida ayuda a elevar nuestros techos emocionales y refresca nuestras suposiciones sobre nosotros mismos.

Una vida editada es algo personal. Puede ser de cualquier tamaño y forma que te permita vivir colocando lo que amas en el centro y de forma deliberada. Aquello tiene poco que ver con lo que tienes y mucho que ver con cómo te sientes. Para alguien, la edición puede centrarse en la música, en la comida, o en el océano. O puede enfocarse en libros, viajes, escuela, amigos, un jardín o niños. La vida editada es una alineación entre lo que amas y lo que llena tu día. Así de simple. Este proceso extrae la vida ideal y pregunta cómo puede hacerse lo más real posible.

La edición genera edición. Una de las habilidades más prácticas para el mundo es aprender a ver lo que es posible y actualizarlo. Editar un área de la vida nos enseña, de manera inevitable, cómo hacerlo en otro ámbito. Editar tu rutina matutina o revisar el correo electrónico, de manera obligatoria, despejará un camino para el cambio en otras áreas más importantes: cómo trabajas, amas y juegas. Hacer cualquier tipo de edición de vida nos enseña mucho sobre lo que necesitamos para prosperar, a nivel del alma. Requerimos menos de lo que pensamos en algunos aspectos y más en otros.

Presento este libro, *Edita tu vida*, en el sentido de una filosofía de la edición como práctica de vida. Se divide en tres secciones, que se correlacionan con los tres pasos para editar cualquier aspecto:

> **Parte 1:** Examina tu vida, proporciona un marco para mirar con nuevos ojos tus días ordinarios. Te ayuda a comprender cómo debe ser tu vida y editar en la dirección correcta, sin cambiar por accidente algo que funciona bien.

> **Parte 2:** Edita tu vida, ofrece vías para realizar cambios duraderos de acuerdo con lo que se considera correcto y verdadero en tu vida actual, ya sea que edites para obtener claridad y facilidad, para el crecimiento o para una mayor sensación de abundancia.

> **Parte 3:** Disfruta tu vida, presenta formas simples de disfrutar los días ordinarios y aceptar las excepciones. Puedes confiar en que el tiempo de edición ha terminado para esta etapa en particular y sentir satisfacción por el presente.

Espero que este libro te ayude a descubrir cómo puedes vivir una vida equilibrada y adecuada tanto en tiempos de calma como de crisis. Que sirva como un llamado para examinar tu vida: qué funciona, qué no, qué se puede editar y cuál es la mejor manera de implementar esos cambios para que duren de forma permanente. Cada capítulo, cada edición de vida, contiene varias ideas más sencillas, basadas tanto en filosofías como en anécdotas, junto con una lista práctica de actividades por hacer.

Puedes leer con un cuaderno a tu lado para generar una lluvia de ideas sobre cómo aplicar cada edición de vida. O lo puedes leer con amigos de confianza, familiares o con un guía con quien puedas compartir tus ideas conforme avancen.

Sobre todo, te invito a leer con disposición a ver tu vida y tus posibilidades con una mente abierta.

Todas las ediciones de vida en este libro son bastante flexibles; pueden aplicarse a diversos asuntos. Como con cualquier herramienta, las puedes adaptar y estirar. Hazlas tuyas. Emplea las que te parezcan verdaderas y más atractivas en estos momentos; las demás estarán ahí si las necesitas. Tanto el libro como las ediciones de vida están destinados a ser leídos de forma cronológica, aunque cualquier orden en el uso de las herramientas formará una especie de modelo para tu vida en el futuro, una forma de confiar en tu propia toma de decisiones, tus elecciones de qué aceptar y qué cambiar, y una manera de alinear lo que amas con lo que llena tu día.

Estimado lector, bienvenido. Este libro es para ti. Para tu vida, tal como es ahora y como deseas que sea.

PARTE 1

EXAMINA TU VIDA

1

PREGUNTA: ¿QUÉ ES?

Mira de cerca

La mejor herramienta de un editor es mirar de cerca. *Revisar*, ya sea un poema o una vida, significa tal cual volver a mirar. Es una forma de crear suficiente distancia para ver con claridad. A menudo veo a un escritor frustrado con un proyecto que quiere que sea algo que no es, y el mejor regalo que puede dar un buen editor es señalar con delicadeza lo que *parece querer ser*. Solo así podremos encontrar su verdadera forma.

Así que, este es nuestro trabajo con nuestras vidas. Mirar los hechos con la mayor neutralidad posible, sin juzgar. Mirar de nuevo; ver la dirección en la que nuestra vida desea crecer; y podarla siguiendo su forma natural. Hacer preguntas cuyas respuestas nos darán buena información, por ejemplo: ¿qué contiene? ¿Qué límites la restringen? ¿Qué se siente vivirla? ¿Cuáles son sus fuentes de energía?

Cuando expongo esta idea a mis alumnos de escritura —*primero, solo mira*—, puedo ver sus dudas. Entiendo el porqué. El trabajo está integrado en la especie humana. De modo que no es sorpresa que a menudo sintamos que no hacemos nada si no resolvemos un problema u ofrecemos críticas o hacemos un trabajo activo. Sin embargo, estamos condenados a editar mal a menos que primero nos tomemos el tiempo de comprender qué es lo que tenemos en nuestras manos antes de preocuparnos por lo que debería ser o imponer nuestra voluntad sobre ello.

Antes de considerar cualquier edición, hago estas tres preguntas en orden:

1. ¿Qué es lo que esto trata de ser o hacer? (¿Cuál es su versión ideal?).

2. ¿Qué es lo que funciona? (¿Cómo logras cumplir con esa versión ideal?).

3. ¿Qué se necesita? (¿Dónde están las brechas entre su «versión actual» y su versión ideal?).

Las preguntas anteriores ayudan a *mirar* de cerca y se pueden aplicar a cualquier situación de manera sencilla.

Primero, solo mira.

HECHOS PUROS Y NEUTROS: ¿QUÉ ES?

Hay muchas maneras de ver de cerca. Puedes escribir un diario, hacer un seguimiento de tu tiempo o hablar con un amigo. Si deseas realizar un seguimiento de lo que comes o cuánto dinero gastas, la forma más sencilla es llevar un registro de estos datos durante unos días y luego observar los patrones.

También puedes mostrar tu creatividad. Haz un dibujo de tu día, durante una semana, todas las noches antes de acostarte.

Puedes hacer esto con alguien que amas o con quien vivas. ¡Lo que podría resultar gracioso! ¿Qué notaste? Antes de que mi esposo y yo nos mudáramos a Idaho, cuando tratábamos de averiguar dónde comenzar nuestros negocios, pensando en cómo podríamos trabajar desde casa y pasar mucho tiempo con nuestros futuros hijos, aprendimos mucho de la graciosa tarea de hacer dibujos con crayones de cada uno de nuestros «hogares ideales».

El mío era un pequeño pueblo animado con casas de piedra rojiza de tres pisos y personas sonriendo desde ellas; tenía perros, cafés, una universidad, un teatro, un mercado de agricultores, muchos peatones y una librería que ocupaba una cuadra de la ciudad.

«Veamos el tuyo», le dije.

James dio la vuelta a su hoja. En ella había dibujado una figura de palitos de sí mismo en una tienda de campaña junto a una montaña y un río, sin vecinos.

A través de estos dos extremos, mal dibujados, vimos de un modo claro que necesitábamos hacer un compromiso.

La meditación es algo parecido a esto: nos pide que observemos los pensamientos. A mí la meditación no me resulta fácil. Los diarios y los dibujos con crayones, sí. Haz lo que te salga de forma natural.

Antes de que nos mudáramos al tejado, sentía que no tenía mucho tiempo en casa para solo mirar, ¡había demasiado que hacer! Pero noté dos hechos inquietantes.

Uno era que cada vez que alguien me hablaba, ya fuera un invitado, mi esposo o uno de mis hijos, solía escuchar a medias mientras hacía alguna tarea doméstica, como lavar los platos, doblar la ropa, ordenar, limpiar las gavetas, cocinar y rescatar juguetes mordidos por el perro. O veía mi computadora y pensaba en todo el trabajo por hacer. Mientras que fuera de la casa, cuando caminaba, conducía, jugaba en el patio, en un parque o en un lugar público, noté que escuchaba con atención y, por lo tanto, mis mejores conversaciones y mi crianza más comprometida ocurrieron en el mundo exterior.

Y el otro fue observar que en la casa les decía a mis hijos que *no* al menos el doble de veces que un *sí*, porque siempre estaban a punto de causar un caos o pelearse por algún objeto. Mientras que fuera de ella, decía más que *sí*. Los animaba a explorar y a tener experiencias nuevas. Como consecuencia, se comportaban mejor cuando no estaban en casa. Se aliaban como amigos y observaban con curiosidad el mundo y sus maravillas; hasta hacían preguntas interesantes. Disfrutaba más de la compañía de mis hijos fuera de casa. Podía ser la madre que quería ser.

Estos dos hechos eran indiscutibles. Me enfrentaba ante ellos continuamente en mi diario y en mis conversaciones. Solo con observarme.

Podría haberme reprendido por esta información, después de todo no refleja una muy buena imagen de mí, pero decidí escucharla. ¿Qué me decía?

Lo que estos hechos me dijeron es que en este momento de mi vida no tenía la fuerza de voluntad diaria para resistir la tentación de las tareas domésticas o para establecer límites claros en torno al trabajo remunerado. O, dicho de otra manera, durante esta época de mi vida, el trabajo era de una magnitud que aumentaba en proporción al tiempo que pasábamos en casa. No me sentía capaz de jugar hasta terminar con todo el trabajo y, ¿adivina qué?, nunca terminaba. Si quería ser una persona atenta, alguien que viera hacia atrás en su vida y recordara haber hecho algo además de lavar la ropa y decir que no, entonces tenía que llevar mis conversaciones y la mayor parte de mi crianza al aire libre, a las rutas de senderismo y a parques, o a lugares públicos como museos, cafeterías o bibliotecas. Conocer esta información cambiaría mi vida. Esta es la que daría forma a la versión ideal, a los límites y a todas las demás herramientas de edición que compartiré aquí.

Cuando miramos los hechos que encontramos, estos no son ni buenos ni malos, son hechos puros y neutros, y tratamos de ordenarlos de acuerdo con lo cerca o lejos que nos coloquen del yo y la vida ideales.

EL ARTE DE RETIRARSE PARA ENCONTRAR |TE|

Siempre me ha fascinado la gente que edita para vivir su primera elección de vida, incluso cuando ya viven una buena vida. La abuela que corre un maratón, el abogado que da un giro y escribe un *thriller* legal, el adolescente que inicia un movimiento político, el niño que emprende un negocio de cuidado de mascotas para poder estar rodeado de animales todo el tiempo. Diseñar una vida en su forma de primera elección se siente como crear un mundo, comprometerse con las posibilidades divinas de nuestras propias manos ordinarias. Cuando las personas modifican sus vidas hacia sus estados ideales de ser, se sienten alineadas con una energía profunda y compartida. Es lo opuesto al estancamiento; es un giro hacia el movimiento, el crecimiento y la vida. Pero es difícil ver nuestras propias vidas con claridad mientras las vivimos.

Aquí presentamos el sutil arte de retirarse. Si no puedes averiguar cuál es tu primera elección de vida, porque te encuentras justo en medio de esta, intenta retirarte. Esto no tiene por qué ser oneroso. Cuida por una noche la casa de un amigo que se encuentra de viaje. Quédate un fin de semana en el cuarto de invitados de un primo o una prima. Si tienes la posibilidad, alquila una habitación en una posada por dos o más noches. También puedes hacer un retiro de una manera más sencilla, como apartarte medio día, o incluso 30 minutos, para dejar de lado tus responsabilidades. Apagar tu teléfono o desconectarte de los pendientes de otras tareas. Todavía estarán ahí cuando regreses, y tal vez se sientan menos urgentes por haberte distanciado.

En este retiro, haz lo que quieras. Camina, descansa, holgazanea, diviértete. Ten una comida que te guste. Cuida de ti. *Pregúntate: ¿qué quiero hacer?* Si nada te viene a la mente, entonces no hagas nada. Consulta contigo y ve qué ideas, sentimientos o hechos surgen. Si aparecen pensamientos temerosos, escúchalos por un momento. Fíjate en sus aspectos comunes. ¿Estos temores hablan sobre el dinero o la seguridad? ¿Sobre no ser amado o estar solo? Trata de escucharlos como lo harías con un amigo.

Luego, haz tu mejor esfuerzo para hacerlos a un lado: imagínate que bajas el volumen de ellos. Incluso puedes escribirlos y meterlos en un frasco cerrado para leerlos en otro momento. Haz cualquier ejercicio que se te ocurra para anular la ansiedad por ese momento. Puedes agradecer a tus voces internas por su preocupación y luego decir que no las necesitas mientras estás de retiro. Después esmérate para volver a hacer lo que te haga sentir bien.

Este acto sencillo es muy valioso y no te quita mucho tiempo de tu vida cotidiana. Retirarse de los hábitos y obligaciones ordinarios te dará la oportunidad de ser un valor absoluto |tú|.

¡Quizás te preguntes qué demonios significan esas líneas! ¿Recuerdas esos viejos símbolos matemáticos que quitan la carga positiva o negativa de un número? Ya sea +5 o –5, si lo pones en términos de valor absoluto, se convierte simplemente en |5|. Esto es lo que necesitamos encontrar por nosotros mismos cuando nos despojamos de todos los valores externos.

Me encontré con esta verdad hace una década cuando tenía una bebé de año y medio. He escuchado a muchas mamás mayores que yo decir que desearían haberse dado tiempo, aunque fuera un poco, para ellas mismas cuando sus hijos eran pequeños. Sentían que hubiera sido un buen ejemplo para ellos ver a su madre atender tanto sus propias necesidades como las de su familia. Pensé que nunca está de más tomar prestada la sabiduría de otras personas, de modo que, para mi cumpleaños, cuando mi generoso esposo me preguntó qué quería, dije: «Dos noches sola». «Listo», dijo James. Me sentí enormemente afortunada de contar con su apoyo. Sin embargo, si no lo hubiera hecho, sigo pensando que habría intentado hacer un retiro: le habría preguntado a un amigo, a un abuelo, habría contratado a una niñera o intercambiado 24 horas al cuidado de niños con una amiga.

James se quedó con nuestra hija y los dos tuvieron sus propias aventuras, mientras yo conducía tres horas hasta el pequeño pueblo de Stanley, Idaho (población: 61), donde me quedé en una modesta habitación rústica con baño compartido al final del pasillo. Ahí, pasé los largos días escribiendo en el restaurante vacío de la planta baja, donde el amable dueño del hotel dijo que podía servirme agua caliente para el té, así que lo hice. Pues siempre viajo con bolsitas de té. Intercalé mis días con caminatas matutinas y vespertinas. Incluso, tomé una deliciosa siesta una vez. Por las noches, paseaba por una posada cercana para tomar una copa de vino, ver la puesta de sol y observar a la gente, y, en alguna ocasión, llegué a escuchar a la banda local.

A lo largo de esos tres días, comencé a sentirme restaurada del intenso deber y la responsabilidad de mi vida en el hogar como una joven madre y maestra. Gracias a los días de concentración pura y sin distracciones, escribí 40 páginas de mi novela en progreso. Me iba a la cama cuando estaba cansada y dormía hasta que me sentía descansada. Perdí la noción del tiempo. ¿Cuánto tiempo había pasado desde que había perdido esta noción? Fácilmente parecían años. Todos podemos beneficiarnos mucho de ese sentimiento de deshacernos de los diversos compromisos y tan solo vivir nuestras vidas a cada momento. Sabía que no era posible, o incluso deseable para todos los que vivimos con responsabilidades hacia los demás, vivir en este estado abierto y sin restricciones todo el tiempo, pero fue maravilloso hacerlo durante un fin de semana.

Además, durante mi retiro, traté gente nueva. En tres días, conocí al 20% del pueblo (matemáticas rápidas: 12 personas) y tuve conversaciones animadas con ellos. Aprendí sobre sus vidas en un pueblo pequeño. Fue un fin de semana hermoso y productivo, y llegué a casa feliz de ver a mi familia y con varios recuerdos emotivos.

Primero, el retiro me infundió la confianza de que el valor absoluto |Elisabeth| necesitaba tener la escritura en su vida cotidiana para prosperar.

En segundo lugar, el retiro me recordó cuánta energía |Elisabeth| recibe de pláticas casuales con personas a lo largo del día.

Con base en estos hallazgos, prometí comenzar a levantarme más temprano para darle un respiro a mi novela. También decidí que intentaría reservar tiempo en las tardes para salir al mundo exterior con mi hija: de paseo, a casa de amigos, a cafés, a museos, al parque, a dedicarme al simple placer de conocer nuevas personas, de tener conversaciones al azar, y de sentirme parte de un lugar. El equilibrio entre las mañanas de trabajo monástico y las tardes sociables me hizo sentir tan viva mientras estaba de retiro que decidí cultivarlo en casa. Cada año trato de repetir alguna versión de este fin de semana, incluso si solo puedo conducir un solo día o una noche, como una forma de volver a conectar conmigo misma fuera del hogar, para tomarme el pulso y sentir lo que me da energía.

En tercer lugar, me di cuenta de que mi familia estuvo bien cuando me ausenté; de hecho, tuvieron un fin de semana igual de fructífero de primeras elecciones: alimentaron a un caballo, fueron a Home Depot y realizaron un proyecto de jardinería. Mi esposo me mostró una foto de nuestra hija con sus gigantescos pantalones bombachos bordados y sus diminutas botas vaqueras rosas, sosteniendo una pala y cavando. Esto disminuyó la culpa de madre. Ellos me extrañaron, como yo los extrañé. Lo importante es que salimos del fin de semana con energía e historias que contarnos. Esos días me ayudaron a ver de nuevo las formas de darme energía de valor absoluto y también las de ellos.

LA MAGIA: ¿QUÉ ES LO QUE FUNCIONA?

Es tentador detenerse en lo que *no funciona*, tanto en la vida como en la escritura. ¡Es más fácil de detectar y por supuesto es más molesto! Esto se debe a que nos distrae de lo que *sí* funciona.

Si observas tu vida tal como es ahora, ¿qué es lo que funciona? Puede ser algo que das por hecho. Tal vez en tu vida tienes personas alrededor con las cuales puedes ser tú mismo al 100%. Tenlo en consideración. O tal vez estés sano. Tómalo mucho más en cuenta. Esto puede ser tanto por buena suerte como, quizás, por algo que haces, por ejemplo: descansar lo necesario, beber suficiente agua, controlar el estrés, encontrar fugas para la alegría, la creatividad y el amor. ¿Algo de esto se siente real? Busca algo que sí. Mira a tu alrededor hasta que puedas decir con certeza lo que es verdadero y lo que funciona bien.

Puede ser una relación que sea sólida de manera natural, una habitación de tu casa en la que te sientas bien o un entretenimiento para el que tengas suficiente tiempo. Puede ser algo que disfrutes de tu trabajo. O podría ser algo muy sencillo.

Algo que siempre funciona bien para mi familia es saber dónde dejar las llaves, los lentes de sol y las carteras cuando regresamos a casa. Algo simple pero poderoso. Esto significa que, en el transcurso de un día normal o un año, no perdemos estos objetos importantes que necesitamos para salir de casa. Por tal razón, una de mis mejores amigas eligió un lugar sagrado para las llaves después de pasar cuatro horas buscándolas en los botes de basura. Resultó que su hijo las había puesto donde creía que pertenecían: en el cajón de los calcetines. Por ello, puedo ir más allá y preguntarme qué otros «puestos fijos» puedo crear para objetos y eventos en mi vida, debido a que veo en ella los simples pero poderosos beneficios de tener un lugar específico para los objetos que utilizamos con frecuencia. Esto se puede aplicar al tiempo: ¿Qué fechas, tareas o prácticas deben tener un espacio establecido en el calendario? Y, por supuesto, esto se puede aplicar a todo lo demás.

Piensa en ejemplos de tu vida: ¿hacia dónde navegas con tranquilidad? ¿Qué puedes encontrar siempre? ¿Qué sueles hacer con confianza? ¿Qué haces (conversación, sopa, jardines, horarios, promesas) que resulta bien siempre? ¿En qué puedes confiar para hacerlo? ¿Con quién siempre se siente fácil estar cerca? ¿Qué partes de tu día se sienten simplemente *bien*? ¿Qué es lo que más esperas?

¿Qué extrañarías si algo cambiara?

Al igual que con distintas prácticas a lo largo de la vida, debemos aprender cualquier principio útil una y otra vez, siempre de manera humilde y diferente. A veces lo que funciona se disimula bien por algo que no sirve, y ahí radica la belleza de esta habilidad de edición.

Esta herramienta de «solo mira» fue una que olvidé durante los primeros días de la pandemia, porque parecía que mis hijos no aprendían nada. No conseguía que se sentaran e hicieran sus tareas escolares; parecía que todo lo que en verdad querían hacer era colorear los grandes pedazos de cartón que llegaban de Amazon, con productos básicos para la época del virus, y convertirlos en aldeas. Hicimos planes sobre cómo (¡sin duda!) lo haríamos mejor al día siguiente. Seguiríamos las lecciones que nos enviaba la escuela. Invariablemente, al día siguiente era lo mismo. Fallamos cada día y cada hora. Al final me rendí. Me preparé una taza de té, me senté en el sofá y dejé que hicieran lo suyo. Mis hijos construían una aldea de cartón para sus 12 diferentes animales de peluche, y el lugar requería un autobús escolar y un restaurante. Hablaban de manera amistosa durante toda la mañana, haciéndose peticiones y compartiendo las tijeras. Al observar, vi algo sorprendente. Colaboraban para hacer sus propias versiones creativas de las dos lecciones que no pude enseñarles.

Matemáticas:
«Este lado tiene que ser el doble de largo que ese si vamos a hacer un autobús escolar», le aconsejó mi hijo a su hermana mayor. Y ella respondió: «Tendremos 16 sabores de helado. Ayúdame a cortar cuatro estantes de cartón para que podamos hacer cuatro en cada uno».

Ortografía:
Escribieron mucho por su cuenta. Desde los menús para su restaurante de cajas de cartón (los artículos principales del menú: donas y helados, ¡ambos mal

escritos, por supuesto!), hasta las invitaciones para todos los peluches.

En resumen, ellos creaban de manera independiente la magia que yo había tratado de generar para ellos durante meses. Si bien esto no se sintió como un sustituto permanente de la escuela, me ayudó a ver que aprendían al hacerlo. Me hizo más paciente para lo que restaba de la educación en casa. Me recordó, ¡otra vez!, que debo observar de cerca antes de imponer mi voluntad.

Algunas veces, lo que funciona se puede encontrar oculto debajo de lo que no sirve, y a veces lo que no marcha bien somos nosotros, que tratamos de arreglar algo que con un poco de espacio y tiempo se resolvería solo. Cuando examines tu propia vida, busca situaciones que funcionen con tu ayuda y circunstancias que marchen sin ella. Da un paso atrás y observa. Siempre hay algo que funciona, por simple que sea, y debemos construir a su alrededor.

LAS FRACTURAS: ¿QUÉ NO FUNCIONA?

Cuando nos comprometemos con algo, ya sea un amigo, una actividad de voluntariado o un horario, podemos «llegar a lo bueno» al repetir una pequeña acción positiva: decir algo amable, hacer ejercicio, escuchar, aprender, comprometernos con el tiempo. Las capas positivas se suman, como buena roca sedimentaria, y de repente tu vida se ve como esperabas. La repetición sirve de mucho.

La otra cara de la moneda también es cierta: no comprometerse por completo, o no saber en dónde dedicar nuestro tiempo y energía, conduce a fracturas y confusión. Cuando veo mi propia vida e identifico lo que no funciona, a menudo son los lugares donde me siento indecisa y donde me divido emocionalmente entre dos o más opciones. Cuando algo no se siente bien es porque una de las principales piezas del rompecabezas de mi vida se atoró en el lugar equivocado. Todo el mundo tiene esos momentos. Cuando no haces una buena elección de carrera, pero sientes que es demasiado tarde para cambiar. Cuando estás en la relación equivocada, no te sientes incluido, escuchado, alimentado ni amado en las formas que necesitas. A veces esto se puede arreglar y a veces no. El observar puede doler. Y, sin embargo, si deseamos vivir de forma deliberada, lo debemos hacer.

Preguntar qué no funciona quizás saque a relucir aspectos a un nivel más profundo del que actualmente tenemos el poder de cambiar. Puede haber grandes partes de tu vida que no funcionan y sobre las que tienes poco o ningún control, y la idea de mirar cualquiera de estas con el ojo de un editor puede parecer una tontería sin esperanza. Está bien. Piensa en algo pequeño que podrías cambiar *hoy*. Lo que sea. Puede ser cómo actualmente le hablas a alguien en tu vida o cómo te hablas a ti mismo. Puedes elegir no morder el anzuelo en una discusión. Puede ser lo que pones dentro o sobre tu cuerpo. Puede ser incluso algo más simple.

Comienza por ahí. Con el tiempo, es posible que tengas un mayor juicio del que pensabas. Pero, de cualquier manera, al menos habrás tomado cierto control sobre algunas circunstancias que están en tu poder.

Todos hemos experimentado una desconexión en algún momento de nuestra vida, cuando aquello por lo que trabajamos duro resultó no ser algo que en realidad queríamos. Nos enamoramos y nos esforzamos para que funcionara con la persona equivocada. Nos mudamos al otro lado del país por una carrera... solo para descubrir que éramos más felices en casa. Estudiamos durante meses para hacer el examen de admisión a la facultad de derecho (LSAT, por sus siglas en inglés)... solo para darnos cuenta de que la facultad de derecho es el camino erróneo. Traemos un perro labrador a casa en el momento equivocado. (He hecho los cuatro). En resumen, elevamos nuestra vida para que sea de cierta forma, se convierte en eso, y luego deseamos que fuera diferente.

Esto provoca una evidente crisis entre lo ideal y lo real. Nos hace sentir molestos (o furiosos) por nuestros caminos torcidos y esfuerzos desperdiciados. Como dijo Joseph Campbell: «Quizás no haya nada peor que llegar a la parte superior de la escalera y descubrir que estás en la pared equivocada». Pero antes de estas desconexiones, casi siempre hay síntomas de que algo está mal. A lo mejor nos movimos en la dirección correcta, pero en algún lugar calculamos mal un paso o una prioridad.

Cuando observas esas desconexiones, te puedes preguntar: ¿qué es difícil siempre? ¿Qué no se siente bien nunca? ¿Qué solía ser divertido, pero ya no lo es? ¿Qué quería de esta experiencia? ¿Se puede encontrar en alguna parte? ¿Cuándo y dónde te encuentras siendo la versión menos encantadora de ti mismo o quejándote más? ¿Hay un momento del día, al principio, al final o a las cuatro de la tarde, en el que la vida se siente como un trabajo difícil? ¿Ha surgido de repente algún problema que aún persista?

Vale la pena notar esta conducta. Uno de mis amigos descubrió que durante un año el ir a trabajar le resultaba doloroso, luego se dio cuenta de que había estado usando zapatos de la talla incorrecta. Cuando obtuvo el tamaño adecuado, su vida volvió a encauzarse. Por otra parte, de pequeño, mi hijo pasó por una fase repentina de tartamudeo, que solo desapareció cuando advertimos que, cuando intentaba hablar, alguien lo interrumpía. Por lo tanto, había comenzado a interrumpirse a sí mismo. Cuando lo dejamos terminar sus oraciones, reanudó su habla normal.

Estos son simples ejemplos de escenarios para mirar primero. Luego, observa las situaciones más relevantes. Piensa en ejemplos de tu vida: ¿dónde sientes más frustración? ¿Qué o quién te decepciona de manera constante? ¿Hay comportamientos inútiles de tu historia o de tu familia que todavía dan vueltas y son difíciles de eliminar? ¿Qué es lo que haces mal con demasiada frecuencia (a tus propios ojos o a los ojos de los demás)? ¿En qué situaciones sientes menos confianza? ¿Qué es lo que *nunca* se puede confiar que hagas, incluso si tienes las mejores intenciones? ¿Qué promesas son más probables que te rompas a ti mismo? ¿Con quién siempre es difícil estar cerca? ¿Qué partes de tu día se sienten tan solo difíciles? ¿Qué es lo que más temes?

En resumen: ¿qué te gustaría ver que cambiara o se resolviera? Estas son tus fracturas. Las fracturas pueden aparecer y desaparecer, y el propósito de solo mirar es ver qué está pasando *ahora*, para determinar si podemos sanarlas, o si se irán solas, o si no son tan malas como pensábamos: en cuyo caso, tal vez deberíamos aceptarlas.

PRESTA ATENCIÓN A TUS EMOCIONES

Así como el cuerpo físico suele dar señales de lo que necesita, nuestras emociones reflejan lo que se esconde en el interior. Es muy cierto que la ira es una buena señal, al igual que la tristeza, la frustración, la emoción o la satisfacción. Una emoción intensa es una señal de que algo se necesita o se desea, o que algo se debe evitar o manejar con cuidado. Somos sabios al usar nuestras habilidades analíticas para observar detenidamente nuestras emociones: ¿qué subtexto hay?

¿Hay algo más que aprender del sentimiento de ponernos de mal humor cuando una amiga que se suponía que íbamos a ver no se presentó? Quizás no: solo deseábamos que llegara la fecha. Pero quizás sí: tal vez ella cancela a cada rato. Probablemente, nos sentimos aliviados de que ella no se presentara, ¡un sentimiento que vale la pena hurgar! Si sientes enojo al recoger los platos de la cena, pregúntate por qué: ¿sentiste que no apreciaron tus alimentos? ¿Esto es algo común? ¿O esperabas la cena como un momento para conectar y ahora sientes frustración porque no fue así?

Sea cual fuere el sentimiento, podemos verlo como una buena fuente de información. Es importante aprender de ello. Más adelante actuaremos en consecuencia. De esta manera, es posible pasar de emociones improductivas, que nos atrapan en lugares indeseables, a productivas, que nos impulsan hacia los resultados esperados.

Prestar atención ayuda a analizar los pequeños detalles para tener una idea del panorama general; cuando observamos de forma detenida nuestras emociones, examinamos un sentimiento para tratar de comprender qué hechos pueden haberlo causado. También puede ayudarnos a expresar lo que necesitamos y mejorar nuestra empatía con los demás. Podemos aventurarnos a adivinar (tal vez estemos en lo correcto o tal vez no) sobre lo que podrían estar sintiendo.

Poner atención a nuestras emociones nos ayuda a decir la verdad al manifestar el sentimiento, aunque solo sea para nosotros mismos, y a hacerlo con amabilidad y compasión, buscando comprender la cronología de los eventos y las conductas que pueden haberlo ocasionado. Además, y muy importante, dicho análisis nos ayuda a sentirnos más cómodos al mirar los sentimientos de frente, e incluso hablar sobre ellos para que no se conviertan en tabúes.

Una nota rápida acerca de ver de cerca y de los tabúes es que, al igual que con cualquier trabajo difícil, si pasamos demasiados días ignorando algo o a alguien, tenemos miedo de verlo. Esto lo advertimos de inmediato cuando lo ordinario se convierte en una crisis, como retrasar el pago de impuestos, llamar al proveedor de internet, responder a una carta importante, o no estar presente para un familiar o amigo que nos necesita en estos momentos. O dejar pasar un pequeño problema de salud hasta que crece demasiado como para ignorarlo. Como dijo Annie Dillard, tu trabajo es como «un león que enjaulas en tu estudio [...] Debes visitarlo a diario y reafirmar tu dominio sobre él. Si te ausentas un día, con toda razón, tienes miedo de abrir la puerta de su habitación».

La vida es así. Apartar la mirada de tu vida es como darle la espalda al océano. Siempre te hará caer. Pero presta atención y acepta que de vez en cuando te va a derribar; prepárate para esto, acéptalo con humor y mantén un paso ágil. Debes saber que casi todo es corregible; después de todo, la vida continúa y aprendemos a editar sobre la marcha. Lo que vemos cuando miramos de cerca es solo nuestra vida. Estos detalles son nuestros pormenores, pero el hecho de descifrarlos nos vincula con todos los que han vivido alguna vez. En resumen, no origines un tabú personal al negar los hechos de tu vida. Acepta que ambos son hermosos y desafiantes. Busca la verdad. Di la verdad. Actúa sobre la verdad. Mira lo suficiente y sabrás lo que tienes que hacer.

Un diario puede ser una dinámica valiosa para observar de forma detenida las emociones, al igual que con una persona de confianza. Un amigo va en ambos sentidos. Puede ser el uno para el otro tanto un buen animador como alguien que tenga argumentos en contra, mientras juntos se explican sus vidas y se escuchan, al hacerse preguntas bien pensadas. Encontrar a un amigo con quien hablar, alguien que no sea un padre, un hijo o una pareja y, por lo tanto, alguien cuyas elecciones logres ver de manera imparcial, puede ayudarte a pensar de forma crítica sobre tu vida y también a sentir compasión por ti mismo a través de los ojos de los demás. Quizás lo más importante es que te ayuda a ver dónde no estás atorado; a ver tu vida como un conjunto de opciones. Así fue como durante un año, cuando un querido amigo en otra ciudad y yo nos enfrentábamos a cambios en nuestras vidas, implementamos una llamada telefónica semanal de media hora al igual que un club de lectura para discutir libros que pensábamos nos podrían ayudar a crecer.

Las observaciones y conversaciones detalladas nos impiden distraernos de lo que es necesario cambiar. Cuando miramos de cerca nuestras vidas, a intervalos regulares, es más probable que nos demos cuenta y actuemos, que pensemos de manera creativa y pongamos más opciones sobre la mesa, o simplemente hagamos una pausa y dejemos que una situación se desarrolle. Podemos elegir cambiar o aceptar, y podemos elegir hacer cualquiera de las dos con facilidad o luchar. Algunas veces se requieren ambos. Ver nuestra vida como una narración que contamos mientras la vivimos nos recuerda que tenemos la capacidad de tomar decisiones que se ajusten a las formas hermosas y torcidas de quienes somos más interiormente.

EJERCICIO DE EDICIÓN DE VIDA

1. Haz tiempo para un retiro. En cualquier momento que puedas, por lo menos media hora, pero que puedas llevarlo a cabo sin interrupciones. Puedes hacer esto en casa si realizas una pausa en cuanto a los quehaceres y las distracciones. Si sales de casa, busca un espacio agradable y cómodo. O pide prestado el lugar de algún amigo. Si vives solo, cambia de casa un fin de semana con un amigo que también viva solo. Alimenten a las mascotas del otro. Cada uno de ustedes encontrará espacio al vivir una vida diferente a la suya. Observa cómo se ve y se siente el valor absoluto |tú| cuando está libre de sus compromisos cotidianos.

2. Establece una fecha para revisar tu vida. Fija una cita contigo mismo a intervalos mensuales, estacionales o anuales para hacer una pausa y alejarte de la rutina cotidiana, aunque sea por unas horas. Ve a un lugar tranquilo. A mí me funcionan los cafés a primera hora, puede ser una caminata larga o tu oficina. Observa tu vida tal como es. Reflexiona sobre cada coyuntura: ¿cuál es tu situación laboral actual? ¿En las relaciones? ¿Con tu casa y comunidad? Puede ser de ayuda el escribir, hacer listas o garabatos, ¡o dibujos con crayones! Tan solo observa lo que notas, tan honesta y objetivamente como puedas. Haz una lista de las desconexiones en tu vida, las partes que no funcionan. ¿Puedes alinearlas con lo que te gustaría que fueran?

3. Elabora una lista de tus responsabilidades. Anota tus obligaciones en el transcurso de un año. Ninguna es menor. Si eres quien lava los platos en tu hogar, anótalo. Desglosa tus actividades dentro de tu familia. Por ejemplo: ¿te haces responsable de ser la persona que hace la plática durante las comidas? ¿Eres la persona que abre el correo y paga las facturas? Piensa en otras tareas que vienen con tu trabajo; a saber, un maestro no solo es responsable de enseñar, sino también de las charlas fuera de la escuela, la preparación de esta y la calificación de las tareas. Mantén esta lista como un documento activo continuo. Proporciona un mapa de lo que es tu vida, en términos de las tareas que realizas.

4. Divide en columnas de energía. Una vez que la lista de responsabilidades sea de tu agrado, haz una segunda lista en donde dividas tus obligaciones en dos columnas. Las que te otorgan energía (dadores de energía) y las que agotan tu energía (tomadores de energía). Algunas pueden ser neutrales, pero la mayoría encajará en una de las dos columnas, ya sea de forma ligera o con fuerza. ¿Te gusta una parte de tu trabajo, pero no otra? Si eres un contador, un zoólogo, un piloto o un filántropo, me atrevo a decir que hay algunas actividades laborales que te dan más energía que otras, y esta es una buena información. ¿Disfrutas de ciertos quehaceres de la vida en el hogar y te cuestan trabajo otros? Si no sabes bien, imagínate haciendo esa actividad y observa si tu energía sube o baja ante aquel pensamiento. Escríbelo con veracidad, luego evalúa tu lista. ¿Qué notas sobre su equilibrio? ¿Dónde se sienten bien las proporciones, dónde mal? ¿Deseas asumir más de los dadores de energía? ¿Alguno de los tomadores de energía es prescindible o es posible que se haga de forma externa?

5. Escarba en tus emociones. Plantéate de manera seria el «porqué» de tus columnas. ¿Qué subtexto hay debajo? ¿Al hacer determinadas tareas o tener algunas conversaciones específicas te sientes de cierta forma? ¿Por qué? Observa por qué algo puede ser un punto sensible. ¿Qué crees que hay ahí que se siente fuera de lugar, incierto, incómodo o desequilibrado? Cuando observamos de forma detenida nuestras emociones, desenterramos información oculta y útil, incluidos los «deberías» heredados y los sentimientos vulnerables que tratamos de proteger.

6. Considera tus emociones heredadas. ¿Hay ciertos tomadores de energía que causan una presión heredada mientras realizas algo? Digamos que tu papá pasa horas leyendo las noticias todos los días, por lo que sientes la obligación de hacer lo mismo, o que tu supervisor siempre responde los mensajes a cierta hora. ¿Crees que es la mejor práctica? Reflexiona acerca de estos sentimientos heredados: ¿son útiles para tu vida actual? ¿Cómo? Haz lo contrario, ahora pregúntate qué te gusta de tus dadores de energía. ¿Prefieres las partes que involucran la gestión, la resolución de problemas, la conformación de una comunidad, o las que puedes hacer en compañía o en silencio? ¿Te llaman la atención las que implican planificación o espontaneidad? Observa algunas capas debajo de cada una de tus tareas. ¿Qué dicen sobre ti? ¿Qué has heredado, de la familia o del mundo, que da forma a este sentimiento? ¿Deseas conservar estas herencias?

7. Habla de tus hechos en voz alta. Encuentra a alguien fuera de tu casa que te escuche sobre estas listas y descubrimientos. Pon una fecha. Las conversaciones semanales o mensuales con amigos o guías son de gran apoyo para que puedas ver tu vida con precisión y ayudar a otras personas a hacer lo mismo. Puede ser tan simple como quieras, incluso una actualización semanal con un correo, un corazón por mensaje cada vez que alcanzas una meta diaria o una breve llamada mientras te preparas un pan tostado. Puedes compartir las listas sobre el trabajo de edición de vida con esta persona si lo deseas, pero sobre todo platícale lo que descubriste. Al describir tu vida a alguien que es una parte neutral en tus asuntos cotidianos, ya sea un amigo, un hermano, un extraño o un consejero profesional, sin duda expresarás lo que es tu vida en esencia. Esto también vale la pena hacerlo en parejas; hablen y escuchen por turnos, y mencionen de nuevo lo que han dicho en voz alta en un resumen neutral y puro. ¿Algo de esto te sorprende? ¿Se siente como un retrato preciso de tu vida tal como es ahora? Otra forma de hacer este ejercicio es escribirte una carta a ti mismo sobre lo que observas.

8. Pregunta: ¿qué es? ¿Qué funciona y qué no? En tu conversación, pregúntale a la persona con la que hablas qué nota acerca de lo que le has dicho. También puedes hacer esto contigo mismo en un diario. Las viejas preguntas de edición son útiles aquí y sirven para responderlas con la mayor honestidad posible:

a) ¿Cuál es tu vida hoy (la versión actual)?
  ¿Qué trata de ser o hacer (la versión ideal)?

b) ¿Qué funciona en tu vida (las formas en que la versión actual se encuentra con la versión ideal)?

c) ¿Qué le falta a tu vida (las brechas o fracturas entre la versión actual y la versión ideal)?

Una vez que tengas un retrato preciso de lo que es tu vida, qué contiene, qué le da energía y cuál es el equilibrio entre la versiones actual e ideal, tienes la herramienta más valiosa para diseñar tu vida como debe ser. Ahora, tienes una dirección precisa para tu edición.

— — — — — — — — — — — —

2

PREGUNTA: ¿QUÉ PODRÍA SER?

Identifica la gran meta

Uno de los mayores problemas que puede enfrentar un texto es no saber por dónde abordarlo. Para evitar este obstáculo se requiere del trabajo serio de examinar todas las vías posibles para determinar cuál tiene más sentido, tanto para las necesidades del proyecto como para el conjunto de habilidades del escritor. Existen numerosas opciones y el autor debe elegir cuál es su versión de primera elección: su «gran meta».

Este no es un trabajo cualquiera. En teoría suena emocionante contar con una elección infinita, como el deseo favorito de todos en el que el genio les conceda deseos innumerables, pero la verdad es que esto puede ser paralizante. La vida moderna presenta más opciones de las que una sola persona puede manejar. ¿Ver a este amigo o a aquel? ¿Postularme para este empleo o ese otro? ¿Cuál de estos mil libros leer? Esto es lo que el psicólogo Barry Schwartz llama la *paradoja de la elección*. Él cuenta una historia en la que vas a una tienda para comprar un par de *jeans* azules, pero te ofrecen cientos de opciones, así que sales abrumado y sin nada.

A pesar de los muchos beneficios de vivir en una época de generosidad y elección, y no me malinterpreten, existen innumerables beneficios, una desventaja es que podemos sentir este problema de excesividad con respecto a cómo seguir adelante y qué hacer ahora. Por el contrario, en tiempos de cambio o crisis, las personas se ven obligadas a concentrarse en un solo medio de supervivencia, en un solo camino a seguir, y aunque nos sintamos incómodos o suframos, al menos tenemos una visión clara al respecto. Como editores de nuestras vidas, podemos adoptar esta claridad de manera regular al hacernos una sola pregunta: *¿cuál es mi primera elección?*

Tu primera elección es la que te da más energía, la que te atrae de forma innata y por la que estás dispuesto a hacer sacrificios. Suele ser la elección intuitiva. No te preocupes si tu ambición está por encima de tus habilidades actuales al determinar tu gran meta profesional. Es más, debería estarlo, ¡porque así es como crecemos! Las primeras elecciones siembran el potencial de crecimiento. El crecimiento a veces duele; es el desprendimiento de una capa de piel. Pero cuando priorizamos las primeras elecciones, sabemos que estamos creciendo en la dirección que nos parece correcta.

La primera elección puede convertirse en un principio organizador de nuestros días y nuestras décadas. Podemos tomar decisiones con esta primera elección en mente, de modo que esta preferencia se sienta deliberada y no simplemente como una gran búsqueda. Tu principio organizador podría ser pasar mucho tiempo en la naturaleza, estar en cierto tipo de relación, vivir cerca (o lejos) de determinadas personas, trabajar con ideas, hacer manualidades, aprender algo todos los días o cualquier cosa que se sienta innato en ti. Desde muy joven, supe que mi gran meta era ser escritora y que tendría que organizar mis días con el objetivo de poder escribir. Demandaría tiempo, espacio y golosinas para estar en el escritorio. Necesitaría relaciones que me apoyaran y respetaran los momentos de soledad diaria que requiere la escritura. Conocer tu primera elección ayuda a que la toma de decisiones sea sencilla. Si necesitas un indicador fácil, pregúntate: ¿qué te hace sentir satisfecho, y molesto cuando no lo haces? ¿Qué te da energía?

Es fácil precipitarse y acumular segundas elecciones como ropa que no vamos a usar, libros que es probable que no vayamos a leer y amigos que no deseamos llevarnos a la tumba. Es sumamente difícil pero más satisfactorio a un nivel más íntimo leer un libro de a poco y que este te cambie; realizar bien una tarea y que te deje algo positivo; tener cierta cantidad de ropa, pero con la que te ves mejor; tener pocos seres queridos y escucharlos con atención a lo largo de los años y crecer a partir del tiempo que comparten juntos.

Piensa por un momento en la energía que se necesita al optar por una segunda elección. Por ejemplo, una pareja. Si estás en una relación con alguien que no es tu primera elección, muchas veces te despiertas y piensas: *¿debo buscar a alguien más adecuado para mí? ¿Amo a esta persona lo suficiente?* Cada día de indecisión nos agota y nos avergüenza, haciéndonos más propensos a conformarnos con otras segundas elecciones. Lo mismo ocurre con un trabajo que no nos satisface. Pasamos el día sin aprender o crecer, y nos preguntamos cuándo y cómo dar el salto, nos reprendemos por desperdiciar nuestro potencial o pensamos con cuál distracción podemos ocuparnos después de las cinco de la tarde para aguantar un día más. En lugar de ganar energía a través del compromiso con nuestras vidas, lo cual siempre es enriquecedor. Sentimos cansancio por el esfuerzo que implica desconectarnos.

Ten en cuenta que tomar una primera elección no significa que la vas a preferir todo el tiempo. Al leer esto ahora y pensar en tu gran meta, considera qué pequeños cambios podrían tener un gran impacto al comenzar tu compromiso con esa elección; si lo deseas, puedes desarrollarlos más adelante. Tienes tiempo para crear estructuras de apoyo, de modo que puedas mantener lo que necesitas. El «cómo» vendrá después; por ahora, establece el «qué». Fomentar el hábito de edición para optar por las primeras elecciones, al principio a un nivel micro y luego a un nivel macro, nos lleva a identificar y reclamar la versión ideal de nuestras vidas. También, de esta forma, vemos lo que en nuestras vidas ya es como lo deseamos.

PRACTICA PRIMERAS ELECCIONES DE BAJO RIESGO

Existen distintas formas de aplicar este principio de «primera elección» de bajo riesgo sin hacer cambios importantes en la vida. Y como cualquier habilidad, la práctica lleva al progreso y el progreso lleva a la perfección. Practicar las primeras elecciones de bajo riesgo nos prepara para esforzarnos por las más importantes.

Mira alrededor de tu habitación. ¿Qué hay en ella que no sea de tu primera elección? Lo sabrás de inmediato. Mira tu ropa. ¿Qué te quieres poner mañana? Es probable que unas cuantas prendas. Abre tu ropero. A lo mejor hay algunos objetos que utilizas todos los días y muchos otros que acumulan polvo o te sientes culpable por no usarlos, o existe una responsabilidad heredada de conservarlos porque alguna vez fueron la primera elección de otra persona. Pero es absurdo mantenerlos. ¡Esta es tu vida! Reúne esos objetos de segunda elección y guárdalos por un tiempo: aquellos que no sean hermosos, amados y que no se utilicen. Observa cuánta satisfacción sientes sin ellos. Si no los extrañas, podrías deshacerte de ellos para siempre, y recuerda que los objetos pertenecen a las personas que los aman.

Dicho esto, hay ciertos objetos para cada persona que son imposibles de desechar. Para mi esposo son las cañas de pescar. Todavía tiene la caña que ganó en una competencia cuando tenía 19 años, entre otras que ha conservado durante más de dos décadas. Cuando salíamos me dijo con gravedad que muchos de sus amigos fueron obligados por sus esposas a renunciar a sus actividades de pesca, y juré solemnemente que nunca le pediría que hiciera eso. Aún no lo hago. En cambio, para mí son las mochilas. ¡Es una obsesión tan tonta! Pero creo que representan la portabilidad, así que sigo en la búsqueda del Santo Grial de la «mochila que gobierne todas las mochilas». Es posible que también tengas una de estas obsesiones. Perdónate por ello y practica las primeras elecciones con algo más fácil.

Digamos que intentas comer de cierta manera. Tu primera elección es comer de manera saludable y la segunda opción es una galleta, lo que luego puede llevarte a comer más galletas. Llena tu despensa con los alimentos de la primera elección y deja las galletas fuera de casa, para que no te tienten a cada rato. O enaltece tu forma preferida de comer galletas solo cuando las compartas con un amigo, de modo que se convierta en un placer doble. O come un bocado, ¡solo un bocado pequeño!, de algo saludable antes que algo no saludable. Como mi amigo, él dejó de ingerir azúcar al practicar el comportamiento de primera elección. Así que comía un puñado de nueces antes de comer algo dulce. Por lo general, después de las nueces, las ansias por los dulces disminuían o desaparecían por completo.

Este principio de «liderar con las primeras elecciones» se puede adaptar a diario de muchas maneras. Si deseas beber más agua o leer más el periódico, tómate uno o dos minutos para beber un vaso lleno de agua o para leer un artículo de opinión antes de sentarte a almorzar o despéjate durante cinco minutos antes de sentarte frente a la computadora. Haz del hábito de primera elección el portal a través del cual puedas acceder al hábito común.

También puedes hacer esto de la otra manera, poniendo la miel antes que la medicina. Escribe el mejor cumplido que hayas recibido en la parte superior de tu lista de tareas pendientes, o pon de alarma matutina una linda grabación de voz, para que comiences tu día sintiéndote amado.

Mira las actividades que haces con y para las personas que amas. ¿Con cuáles aprovechas más tu cerebro, tu corazón y tu cuerpo? Si haces estas actividades para otros, ¿cuáles son las que valoran más? ¿Preparas comida para personas que no la comen? ¿Ayudas a los niños con la tarea cuando no lo necesitan o terminan discutiendo? ¿Microgestionas proyectos de trabajo que podrían ser una oportunidad de crecimiento para tus colegas más jóvenes? Continúa con aquellas que tus allegados aprecien y deja ir las demás. Una vez, una de mis amigas me comentó que solía pasar horas preparándose para lucir perfecta en cada evento al que asistía con su esposo, porque pensaba que a él le importaba, pero cada vez que salían por la puerta, él se veía molesto. Lo que le parecía extraño. En una conversación franca, después de muchos años de matrimonio, descubrió que a él no le importaba lo que ella se pusiera, pero le molestaba que se tardara en arreglarse, razón por la cual siempre llegaban tarde. Su conclusión: usa lo que más te guste y llega a tiempo a la fiesta.

Mira tu calendario. ¿Qué hay ahí que no sea tu primera elección? ¿En qué momento del día sientes que no estás dando el mejor uso a tu tiempo ni a al conjunto de tus habilidades y pasiones? Si puedes, deja fuera aquellos eventos recurrentes de segunda elección. Di que necesitas reevaluar tus compromisos de tiempo; que tomarás un descanso durante el verano y verás cómo te sientes cuando llegue el otoño.

Una noche, en un restaurante, antes de regresar a casa, escuché a mis hijos tener una conversación sobre las primeras elecciones con unos crayones. Scott trataba de meterlos en su estuche de arte, una gran bolsa con cierre que guarda en su mochila. Por su parte, Cora ha roto suficientes cierres en su vida como para tener la confianza de aconsejar a su hermano que no llene su bolsa de arte. De cualquier forma, él trató de cerrar la bolsa abultada, así que Cora intentó una táctica diferente: «¿Te gustan estos materiales de arte tanto o más que los demás?», Scott vaciló. La semana anterior había recibido nuevos marcadores. «No», dijo honestamente, y dejó los crayones sobre la mesa. Cora los examinó y decidió tomar solo el amarillo para su propio estuche. Al final, como autoridad de hermana mayor, añadió un sabio consejo acerca de los crayones: «Si practicas las primeras elecciones en tu estuche de arte, las practicarás en toda tu vida».

Vivir en una casa pequeña obliga al hábito de la primera elección. Mi ropero en una esquina de la recámara es una percha horizontal, de aproximadamente 15 cm de largo, en la que caben unos ocho ganchos, suficientes para los vestidos de una semana. Mi esposo tiene el mismo espacio, y cada uno de los chicos tiene un cajón hondo con seis secciones. Esto nos permite ocho conjuntos para cada quien, de modo que lavamos la ropa una vez a la semana. Solo podemos usar las primeras elecciones de ropa que amamos y con la que nos sentimos bien. Como bien dice Elizabeth Cline en *The Conscious Closet*, es mejor tener algunos artículos preferidos que amas y que usas todo el tiempo que un ropero lleno con atuendos aburridos. Esto requiere que todos, incluso los niños, decidamos cuándo es el momento de cambiar nuestra ropa. También somos exigentes en cuanto al contenedor que se encuentra en el garaje para la ropa fuera de temporada, ya que lo saturaríamos. Lo mismo ocurre con la tabla para cortar, los productos de despensa, la platería, los libros y juguetes de primera elección (pero no, Dios no lo quiera, ¡las cañas de pescar o las mochilas!).

Cuando un objeto de primera elección se desgasta o ya no cumple su propósito, lo donas y lo reemplazas. Cuando un amigo o compañero de primera elección no está contento, te tomas un momento para platicar sobre la situación. Procuras nuevas formas para que ese inconveniente no se repita. Reemplazas las viejas ideas por unas nuevas. Al rechazar las segundas elecciones a pequeña escala, comienzas a cambiar hacia las primeras elecciones a gran escala. En resumen, practicar diariamente el optar por las primeras elecciones beneficiará, en general, todas las que hagamos, importantes y simples.

¿Qué pasa si descubres que tomaste la primera elección equivocada? Siempre hay una manera de retroceder o remendar el camino del que te desviaste.

Por supuesto, con las personas ayuda si dejamos los lugares de trabajo y las relaciones de un modo amable, al dar las gracias y evitar hablar mal de nuestra experiencia laboral. Pero recuerda que dar un salto en una dirección de primera elección es algo valiente y admirable, que inspira a otros, y que, en caso de que necesites pedir a tus excompañeros de cuarto, o a tu jefe anterior, que te acepten nuevamente, después de que huiste del nido, esto pueda manejarse con una combinación de diplomacia, humildad y humor.

Con las elecciones financieras, lo que ayuda es tener un colchón, de modo que, si fracasamos, aun así aterricemos de una forma suave. También puedes trabajar para regresar a las primeras elecciones, incluso si lleva tiempo y sacrificios. Uno de mis amigos alquiló la bodega de su compañero de trabajo al estar en un empleo, en el cual sabía que nunca podría ahorrar. Así pues, durmió en un colchón en el piso y ahorró dinero suficiente que de otro modo se habría destinado a alquiler y muebles. Dos años después, se mudó de la bodega a una casa propia. Este hombre, por cierto, ¡mide 2.5 m! Para él, su meta era tener una casa, y lo logró por medio de una forma de vida a corto plazo (¡seguro la última elección!), para situarse del otro lado con un sentido de su propio valor, una relación más cercana con ese amigo y una casa para demostrarlo.

Cuando construían el tejado en un área del jardín de nuestro patio trasero, el verano que estaba embarazada de Cora, me entusiasmaba poder elegir los colores. El piso color agua fue una excelente primera elección, pero mi idea original de primera elección para pintar las paredes de color amarillo pálido no lo fue tanto. James observó: «Parece que aquí explotó un payaso», y el constructor, el arquitecto y yo coincidimos, así que volvimos a pintar las paredes de blanco hueso de inmediato.

EL VERBO QUE TE HACE SENTIR VIVO

En esta edición de vida, vas a buscar algo específico: la acción que te haga sentir con más vida. Yo me siento con más vida cuando me atrapa una oración o una historia, ya sea que la lea o la escriba, no importa, o cuando estoy en una plática interesante; puede ser con algún conocido o con un extraño, el punto es que ambas resultan satisfactorias. Estas dos ideas equivalen a lo mismo: palabras. Me encanta enseñar porque vincula la escritura con las conversaciones y, por lo tanto, contiene ambas. Cuando me pregunto qué representan las palabras en la lógica de mi vida, sé la respuesta de manera innata: se conectan. Las palabras escritas me conectan con personas del pasado y del futuro; las palabras habladas me conectan con la gente en este momento. El verbo que me hace sentir con más vida es, entonces, *conectar*.

Tómate un momento para reflexionar sobre esto por ti mismo. Encuentra ese ente vivo, esa primera elección, dejando de lado lo que te mantiene lejos de la luz del sol.

> ¿Qué es lo que te ilumina?

Tu primera elección es un verbo. Jugar con niños, escribir libros, nadar, jugar al tenis, establecer conversaciones significativas, explorar la naturaleza, construir aldeas con cartón, coser vestidos, practicar medicina, hacer arte o cuidar a los enfermos. Inténtalo y ve qué verbos le dan más sentido a tu vida. La idea es que vivamos mejor si ponemos este verbo de primera elección en el centro de nuestra vida. El verbo de mis hijos en estos días es *hacer manualidades*, ¡tengo que sacarlos de sus proyectos para que coman! El de mi esposo es nadar. Le encanta entrenar para llevar a cabo nuevos retos (la prueba más reciente fue de 33 km en el helado Canal de la Mancha, ¡está loco!). Nadar con frecuencia lo convierte en un empleado más organizado, en un esposo y un padre más paciente, y además se mantiene en forma. Es un ganar-ganar-ganar.

Cuanto más nos acercamos y más practicamos elegir las primeras elecciones, se hacen necesarias preguntas más profundas y difíciles: ¿las personas con las que pasas tiempo son dignas de tu amor? ¿Te hacen sentir conectado, feliz y vivo? ¿Apoyan tus verbos más vitales? Si es así, fortalece tu amor por ellos. De lo contrario, reconsidera si la relación es equilibrada. Pon en una balanza lo que das y lo que recibes. Piensa en los verdaderos amigos que has tenido en el pasado o en los que tienes ahora. Intenta conectarte con ellos.

Pueden surgir otras preguntas similares de alto riesgo: ¿El trabajo que realizas para ganarte el sustento (ya sea remunerado o no) te hace sentir satisfecho? ¿Desafía tu corazón y tu mente? ¿Apoya y enriquece tu vida ideal? ¿Lo amas lo suficiente como para sacrificarte por él? Si es así, renueva en tu cabeza tu compromiso con él y mantenlo vivo junto a tu corazón. Si no, reconsidera si es la mejor elección. Incluso si no hay otras oportunidades en este momento, tu compromiso es comenzar a buscar y crearte tú mismo una nueva posibilidad.

UNA GRAN APUESTA SIN DOLOR

Este es un regalo de mi mamá, una fiel creyente en la idea de buscar lo que ella llama «una gran apuesta sin dolor». Postúlate al mejor programa escolar, ¡qué tal si eres aceptado! Envía tu trabajo a los mejores editores; lo peor que pueden decir es que no. Pídele una cita a la persona que te gusta de tu primera elección, en lugar de esperar a que te invite alguien que te gusta de segunda elección. Busca lugares desocupados para estacionarte en el área principal del estacionamiento; tal vez te sorprendas.

En estas grandes apuestas sin dolor, una clave es confiar en que la primera elección es la correcta, incluso si aún no lo parece. La otra clave es aceptar la posibilidad real de rechazo. Aun si tu gran apuesta sin dolor te desestima una o dos veces, tal vez podría sorprenderte. Tengo innumerables historias de rechazo, y prometo no someterte a todas aquí. Ser escritor, de acuerdo con mi experiencia, significa escuchar un «no» el 95% del tiempo. Te acostumbras bastante rápido. Lo que aprendí como una seguidora de importantes apuestas sin dolor es que cada vez que siento con intensidad que algo era la primera elección, como un chico del que me enamoré a los 16 años porque tenía una linda sonrisa y el alma de un filósofo; el enseñar escritura en la universidad; el pasar días con niños; el vivir una vida más práctica y el publicar libros; cuando asumí esa elección, nunca llegó de manera exacta de la forma que predije, pero llegó. El chico del que me enamoré a los 16 lo volví a encontrar una década después, y ahora tenemos hijos y le dedico libros. Fue un camino accidentado, pero ¿no todo lo es?

Esto es algo que a menudo escucho de mis amigos mayores, quienes observan que, una y otra vez, cuando perdieron una oportunidad en su juventud de hacer lo que más amaban, ya sea una actividad artística, criar niños o tener un hogar propio, esa oportunidad perdida de primera elección volvió en otra forma totalmente sorprendente. Las mujeres que querían hijos pero no los tuvieron, tiempo después se convirtieron en tías, mamás adoptivas o incluso en figuras tipo *Miss Rumphius*[1] en su vecindario; personas creativas que encontraron salidas inesperadas, se dedicaron a la elaboración de vino, fabricación de muebles, jardinería y agricultura, creación de empresas o simplemente tener vidas ingeniosas; aquellas que deseaban mentoría o hermandad la encontraron, pero no donde esperaban. Vale la pena que busques ejemplos de esto en tu vida.

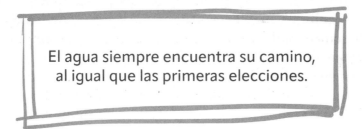

El agua siempre encuentra su camino, al igual que las primeras elecciones.

Una tierna y humilde primera elección que he atesorado durante mucho tiempo es salir a correr con mi hija, como solía hacer

---

1 *Miss Rumphius* es un cuento infantil escrito por Barbara Cooney, de una señorita que quería viajar por el mundo y hacer de él un lugar más bello.

mi madre conmigo. Ella me sacaba de la cama, con un café con leche en la mano y me llevaba a ponerme los tenis. Me hice corredora cuando era joven gracias a mi mamá y pensé que, si alguna vez tenía una hija, la iniciaría en el *running*. Sin embargo, ella no adquirió ese hábito, ya que es mucho más rápida que yo, y además en estos días, si soy honesta conmigo misma, prefiero caminar que correr. Hace poco, mi hija y yo descubrimos algo valiente en lo cual ambas estábamos interesadas: nadar en agua fría. Con frecuencia escuchábamos experiencias de personas que hacían breves y emocionantes inmersiones en cuerpos de agua naturales (como el río Boise, cerca de nuestra casa), y la idea nos sedujo a ambas. Durante una semana, nos armamos de valor, empacamos chocolate y té para calentarnos si fuera necesario, y vivimos la experiencia. Luego, durante una temporada, ¡nos enganchamos! No era como ir a correr, pero sí algo que podíamos compartir, lo cual constituía el verdadero objetivo. Seguiré buscando más formas para que esa meta se presente como una herramienta que me vincule con mi hija.

Mi primera elección más improbable la definí a los 21 años, cuando me gradué de la universidad con una licenciatura en inglés y sin perspectivas profesionales claras. Le dije a mi amigo Noah mi gran apuesta sin dolor: que algún día enseñaría en Harvard. «Claro que lo harás», dijo, complaciéndome con una media sonrisa. Durante los 10 años que viví en Texas e Idaho, di clases en cualquier lugar en donde me dieran la oportunidad, mientras estudiaba para obtener un doctorado. También impartí clases en décimo grado, en la universidad comunitaria y ofrecí talleres de escritura en el patio trasero de mi casa mientras criaba a mi segundo bebé. Hice lo mejor que pude, pero no tenía un trabajo fijo ni libros publicados. Estaba disponible cuando una mentora me llamó para pedirme que la ayudara con un proyecto, el cual acepté. Más tarde, me preguntó: «¿tienes los ingresos suficientes que necesitas para mantenerte? ¿Hay alguna posibilidad de que impartas una clase para la Escuela de Verano de Harvard?». Así que el verano siguiente pasé seis semanas en Cambridge empujando la carriola del bebé por las banquetas de ladrillo rojo antes de mis clases vespertinas. Era magia pura. Me puse a dar diferentes cursos de escritura para adultos en la escuela de extensión de la Universidad de Harvard, y aún lo hago. No era el camino que esperaba (tenía en mente oficinas y un puesto fijo), pero fue el objetivo de la meta representada de una manera hermosa y sorprendente, que fue perfecto para esta etapa donde tenía que encontrar un equilibrio entre la escritura, la maternidad y la enseñanza. Del mismo modo, entre los 16 y 20 años, que es cuando comencé mi relación con mi ahora esposo, tuve varias experiencias amorosas. Cuando ambos estuvimos listos, nos comprometimos el uno con el otro como primeras elecciones.

Somos más sabios al identificar nuestras metas lo más pronto posible, para así tenerlas en cuenta y tratar de alcanzarlas, en lugar de pasar muchos años haciendo un trabajo que no nos satisface. Al interesarnos por las grandes apuestas sin dolor, nos permitimos la esperanza de tener la oportunidad de conocer nuestra primera elección. De tal forma, lo intentamos incansablemente. Cada vez con más inteligencia y determinación. Si lo peor que puede pasar es terminar donde estamos ahora mismo, entonces no hay razón para no intentarlo.

TUS CINCO MODELOS

El mejor lugar para observar las posibilidades de una vida es mirar a tu alrededor. Hay tantos ejemplos de vidas buenas y deliberadas que se pueden encontrar: personas que parecen sincronizadas consigo mismas, a gusto con sus elecciones y capaces de orientarse en la dirección que más les convenga.

Estos son tus modelos. Elige cinco y obsérvalos.

Considero útil ver primero en mi entorno inmediato y luego mirar hacia atrás por medio de la historia. Obviamente, lo que funcionó para los estoicos, es probable que no funcione para mí, ya que no tenían que establecer límites sobre la cantidad de correos electrónicos que revisarían al día. En conclusión, hay algo que aprender de cualquiera que parezca vivir de acuerdo con su verdad.

Lo que yo busco son personas tranquilas y que pretendan llevarse bien con su entorno. Ágiles, felices, agradecidas y que disfruten del ambiente. ¿Tú qué buscas? Más allá de eso, se sentirá *bien* en verdad. No intentará ser algo, sino que tan solo *será*. Ninguna vida será perfecta o parecerá serlo, y si lo es, es posible que no confíes en ella, porque el caos y el desafío son parte de la vida.

Y menos divertido pero igual de útil es mirar hacia el otro lado. Puedes omitir este segundo paso si te sientes incómodo o que estás juzgando. Lo considero una buena información. ¿Qué vidas te dejarían siempre abrumado o insatisfecho? Mi vida no funcionaría para muchos. Una de mis amigas me dice a cada rato que vivir un solo día en mi vida la dejaría con los nervios de punta durante al menos un mes. ¡Yo le creo! Es importante definir lo que calificas como una vida satisfactoria para ti, como lo que define una vida insatisfactoria. Aprendemos tanto de lo que nos atrae como de lo que nos repele. Esta es tu investigación. Así como los escritores encuentran su camino leyendo libros que admiran y otros que no soportan, un editor de vida encontrará la manera al estudiar vidas.

¿Con los horarios de qué personas te emocionas? A mí me atrae mi propia genética. Mi amor por un buen amanecer y mi tendencia a perder el 90% de mi encanto después de las nueve de la noche; es decir, los horarios que aprovechan bien las mañanas. Mi corazón comienza a dar un vuelco cuando me encuentro con escritores que se levantan a las cuatro. Algo que he intentado, pero simplemente no he podido lograr. Así que podrías mirar esas vidas y pensar, «¡qué asco! ¡No tienen vida nocturna!», y podrías estar en lo cierto.

Descubrí que muchas de las mujeres a las que admiraba, que parecían sobrellevar con facilidad la etapa en que sus hijos se iban de casa, tenían dos hijos. Nada especial. Yo provengo de una familia de cuatro, al igual que mi marido. Cuatro parecía en teoría el número correcto. Pero cuanto más estudiaba cómo mis sabios modelos a seguir hacían la transición para dejar que sus hijos encontraran sus propios caminos, más pensaba que dos parecían suficientes. Un niño en cada mano para llevar en nuestras exploraciones del mundo, para reemplazarme tanto a mí como a mi marido. Los conocimientos que obtenemos al estudiar modelos pueden ser simples o profundos.

Además, a través de este ejercicio aprendí que muchas personas a las que admiro equiparan la lealtad y la generosidad junto con una actitud sin remordimientos por atender sus propias necesidades. Sus vidas internas y externas se sienten equilibradas en proporciones justas. He obtenido una gran verdad de estas personas:

> *Egoísta* no es una mala palabra.

Puedes cuidarte bien y también cuidar bien a los demás. Tengo como prueba a mis cinco, mis diez, mis cincuenta modelos, y ¡sigue creciendo!

Los tuyos serán diferentes a los míos y a los del resto. Las metas de muchos de mis amigos más queridos son completamente opuestas a las mías. Podríamos mirar la misma vida y yo podría pensar, «¡sí!» Y a su vez tú podrías decir, «¡nunca de los nunca!». Y eso está bien. Es tu vida la que estamos editando aquí, no la de tu amigo.

Un concepto relacionado con los cinco modelos es el que una amiga enfermera conoce como el «triángulo de los cuidados». Al identificar la decisión médica correcta, es importante considerar tres aspectos: el paciente como individuo único, el proveedor de atención experimentado que conoce (y en quien confía) el paciente, y la ciencia predominante sobre el tema.

Buscamos la respuesta en estas premisas. Adherirse a ciegas a un punto sin consultar a los demás desatiende una parte importante del triángulo. En nuestras vidas, tenemos la misma opción. Contamos con nuestros propios y únicos valores absolutos, con nuestros mentores y amigos de confianza, y además con libros, sabiduría y modelos que nos ofrecen un contenido objetivamente comprobado. Intenta alinear estos tres puntos. ¿Qué encuentras en el medio? ¿Dónde coinciden todos? ¿Dónde tienes que ser creativo o encontrar tu propio compromiso? ¿Qué modelos funcionan lo suficientemente bien y cuáles requieren que hagas algunos cambios?

Es importante considerar que habrá ciertos movimientos para los que no tendrás un modelo exacto. En nuestro caso, fue el hecho de mudarnos al tejado. De tal forma, este ejercicio se mantiene, porque estás estudiando vidas para comprender cómo quieres que la tuya se vea, actúe, se comporte y se sienta. Una vez que tengas este conocimiento por ti mismo, puedes realizar cambios estructurales, grandes y pequeños, completamente familiares y nuevos.

EL PUNTO IDEAL: A MENUDO MENOS DE LO QUE PIENSAS

Un hecho divertido sobre la vida es que, en general, se siente mejor anhelar más de algo que sentirse molesto con eso y querer menos. Piensa en una persona, por ejemplo, cuando extrañas a un amigo hay una dulzura en el sentimiento. Es simple y puro. Ahora, compáralo cuando tienes la sensación de que ya has pasado demasiado tiempo con esa persona y quieres retirarte, pero no sabes cómo decirlo de forma amable. Si anhelas el sabor de algo, digamos un capuchino, eso se siente más agradable que un dolor de estómago por haber bebido demasiados capuchinos seguidos. Anhelar más tiempo de trabajo es más satisfactorio y productivo que estar en el trabajo y harto de él. El punto ideal de una persona puede ser cuando se siente bien por pasar un día entero con gente; y el de otra podría ser el hecho de necesitar una intensa cercanía y luego descansar.

Para todo existe un punto ideal. Aunque a la mayoría de la gente no le gusta el trabajo doméstico, se siente bien hacer un poco, al menos para mí. Esto es, doblar la ropa, preparar una cena especial, tender una cama con sábanas limpias y lustrar un espejo. No obstante, si realizo estas tareas a diario, sin descanso y sin la ayuda de otras personas, empiezo a enojarme.

Podemos elegir una primera elección sin preferirla en todo momento, o incluso durante mucho tiempo. A veces, las personas tienen miedo de comprometerse con algo, ya sea, una rutina de ejercicios, un proyecto ambicioso o una llamada telefónica, porque nos preguntamos cómo podríamos tener el tiempo. Sin embargo, el punto es que cada uno de esos ejemplos puede realizarse en menos de 20 minutos. Con frecuencia, necesitamos menos de algo de lo que pensamos.

He visto matrimonios a distancia de parejas muy enamoradas, que viven vidas independientes, se llaman todas las noches y se visitan una vez al mes durante un fin de semana largo. No es lo que normalmente pensamos cuando creamos esta idea de la felicidad y la armonía domésticas. Sin embargo, funciona. Un artista que conozco se mudó de Boise a San Francisco para estar cerca del pulso de la escena artística, así que llevó consigo sus muebles, su gato y todos sus enormes lienzos. Después de un mes, regresó. Era simplemente más de lo que podía permitirse. Primero lo sintió como un fracaso, pero después de probar su ciudad de primera elección, que si bien se sentía como un camino hacia su verdadera actividad de primera elección (hacer arte), descubrió que en realidad no era la mejor opción. Su escenario ideal era una ciudad más pequeña, en donde la asesoría artística que llevaba a cabo le ofrecía con regularidad generosas contribuciones. De esa manera, podía dedicarse al arte todo el día y luego tener la oportunidad de volar a ciudades más grandes tres o cuatro veces al año para asistir a eventos. Siempre hay formas de complementar las actividades importantes con lo que necesitas como primera elección para mantenerse con vida. Si puedes pensar en ello, es probable que puedas descubrir cómo hacerlo, ajústate sobre la marcha para que puedas dar mayor énfasis a los puntos ideales en tu vida de primera elección.

Una última idea sobre las primeras elecciones es que la segunda, la tercera y la cuarta elección no solo consumen energía que puede ayudarnos a tener éxito en la primera, sino que también requieren una adecuada administración. Incluso la ropa que no te gusta hay que lavarla y guardarla en algún sitio. Asimismo, las comidas que no disfrutas o no te sientes bien después de comerlas deben ser digeridas por tu cuerpo. Es decir, utilizan tu energía. En la escritura, esto es tan claro que duele. Cuando una parte de un capítulo no es buena, puedo escribir algo nuevo, esto implica cierto tiempo, o puedo pasar semanas intentando salvarlo. Sin embargo, es posible que me detenga para tratar de reorganizar el capítulo, de modo que coincida con lo propuesto en la segunda parte. Quizás puedas imaginar lo *bien* que resulta eso. Es un trabajo desalentador que requiere mucho tiempo y, en la mayoría de los casos, falla.

En nuestro contexto, no es común pensar en las primeras elecciones. Imagina cuántos negocios fracasarían porque nadie quiere realizar esos trabajos, o cuántos alimentos de fábrica no se prepararían, enviarían ni comerían, porque nuestro cuerpo sabe que esos no son nuestros alimentos de primera elección. Cuando seleccionamos nuestras primeras elecciones, ganamos energía porque sabemos lo que queremos y necesitamos. Cuando alteramos nuestras vidas haciendo planes y acumulando objetos de respaldo, atendiendo a las opiniones de personas que no nos importan, eso nos agota. Al estar cansados, nos perdemos lo que es importante.

Las primeras elecciones se presentarán y se verán más claras, al observar de cerca lo que te hace sentir con más vitalidad y al establecer tus grandes metas entorno a estas. Así que pronto, este tipo de visión se convertirá en un hábito.

EJERCICIO DE EDICIÓN DE VIDA

1. Haz una ecuación verbal de primera elección. Indica con un solo verbo lo que necesitas hacer de forma regular para prosperar:
valor absoluto |tú| = más feliz cuando _____ .

2. Observa tus redes de protección. Mira a tu alrededor y examina tus redes de protección. ¿De qué te mantienen a salvo? Ciertas redes son muy necesarias, ¡déjalas como están! ¿Hay algunas que te mantengan a salvo de algo que en realidad sería bueno para ti, como una oportunidad de crecimiento? ¿Crees que puedes vivir libremente sabiendo que te respaldan, o sientes que alguna de ellas ha comenzado a obstaculizar tus elecciones o ha cambiado al permitir cosas por las que fueron puestas ahí? Por ejemplo, un amigo contador aceptó el trabajo independiente de la temporada de impuestos como una red de protección mientras su propio negocio crecía. Una vez que su negocio era autosuficiente y sólido, y requería su atención de tiempo completo, soltó la red de protección. ¿Qué podría pasar si te deshaces de una de tus redes de protección? ¿Dónde te sentirías con más confianza si añadieras una?

3. Establece tu gran apuesta sin dolor. Si pudieras describir tu vida en su versión ideal, ¿cuál sería? ¿Cómo te sentirías? ¿Qué serías, qué tendrías y qué harías? Tus ideales no van a ser los mismos que los de otras personas. Tus «suficientes» son únicos para ti.

Aprovecha tu autoconocimiento para pensar en los detalles específicos de tus propias grandes apuestas sin dolor en el hogar, el amor, el trabajo y el juego.

4. Haz un mapa punto por punto. Este es un juego divertido y tonto, ¿o no? Pienso cómo los dibujos con crayones, con los que mi esposo y yo pintamos nuestro lugar perfecto para vivir, se convirtieron en una guía para nuestras elecciones futuras y en una lente para tomar decisiones que nos convenían a ambos. Dibuja un punto para tu vida tal como es ahora, y luego un punto para tu gran apuesta sin dolor. ¿Qué pasos intermedios podrían prepararte para tener éxito? Lleva a cabo una lluvia de ideas sobre múltiples puntos que podrían ir a la mitad. Por ejemplo, si tu sueño es ser abogado y en la actualidad trabajas en servicio al cliente, uno de esos puntos sería ir a la facultad de derecho (hay clases nocturnas para esto y podrías mantener tu trabajo diurno); otro punto sería priorizar el tiempo de estudio regular; y uno más podría ser encontrar mentores y aliados en el campo legal. Sé creativo y específico. ¿Cuál es el camino de punto a punto más simple entre tu «vida actual» y tu vida ideal? ¿Qué pasos se sienten fáciles y cuáles desalentadores? Reduce tu mapa en pasos más pequeños si es necesario, hasta que cada punto parezca, si no fácil, al menos alcanzable.

5. Establece tu punto ideal. Pregúntate y responde de manera honesta. ¿Qué partes de tu vida y de tu trabajo son más fáciles de amar? ¿Cuál es la cualidad de estas que las hace sentir simples, refrescantes, nutritivas, inspiradoras y buenas? ¿En qué cantidades se sienten mejor estos beneficios? Al darte cuenta de esto, comenzarás a disfrutar más de dichos aspectos, y es probable que notes formas de adecuar los escenarios más difíciles de amar para encontrar sus puntos ideales. De tal modo, para ampliar esta idea, enumera varias de tus primeras elecciones en los ámbitos del trabajo, el amor, el juego y la salud, y considera cuánto tiempo disponible tienes para disfrutarlas, creando una representación visual de tus placeres y sus puntos ideales. ¿Existe un punto de rendimiento decreciente? ¿Qué notas?

6. Observa tus cinco modelos. Elige cinco vidas, de cualquier tiempo y lugar, reales o ficticias, que te atraigan y enumera algunas de las razones. Estos son tus cinco modelos. Cuando pienses en preguntas sobre tu propia vida, puedes verlas para responder tus interrogantes. Piensa de manera amplia y creativa, y no dejes que esto te abrume. Elige algo que te inspire este ejercicio y pruébalo durante una semana. Puede ser tan simple como admirar a alguien que en verdad disfruta los fines de semana. Mi prima es así, cuando pienso en ella, recuerdo tomar mi café lentamente y disfrutar (aunque sea por cinco minutos) de *il dolce far niente*. Recuerda que una edición de vida puede ser pequeña. No pienses en cambiarlo todo; solo piensa en modificar algo.

7. Prueba el ejercicio del «triángulo de los cuidados». Elige cualquier aspecto de tu vida que pretendas mejorar o sanar, y equilibra lo que sabes de ti mismo y lo que dirían tus amigos o mentores de confianza con lo que sugiere la sabiduría convencional o un experto. ¿Qué te produce bienestar?

3

PREGUNTA: ¿QUÉ SE NECESITA?

Reclama lo necesario
y descarta lo que no es

En cierta ocasión mis hijos jugaban tranquilos mientras yo revisaba constantemente mi teléfono para ver si alguien me había enviado un mensaje. Estaba en ese limbo en el que entran los padres cuando los niños se entretienen en el juego, y no te atreves a interrumpirlos, pero sabes que, si te involucras en algo interesante, como un libro, te interrumpirán.

En un instante, supe lo que necesitaba: un marcador de etiquetas. Hice una pequeña etiqueta que decía en mayúsculas: ¿ESTO ES NECESARIO? La pegué en el protector de mi teléfono. Por el resto de ese día, no toqué el dispositivo. Esto significa que aquel día y otros, pude leer una revista e hice bollos durante mi tiempo libre, de modo que aprendí algunas cosas nuevas e hice algo creativo (y delicioso), incluso si me interrumpían.

La etiqueta me ayudó a resolver dos problemas a la vez. Hice más cosas que disfrutaba y revisé menos el correo electrónico. Así pues, la atención que le ponía a mis hijos mejoró muchísimo. Cuando pensaba en intervenir ante mi hija de cinco años, en el momento en el que le enseñaba a su hermano pequeño cómo ponerse los pantalones o si me disponía a hacer cualquier otra tarea, me detenía y me preguntaba: «¿Esto es necesario?». La respuesta solía ser *no*.

La magia de la etiqueta se aplicaba a todo. La funda de mi teléfono también sirve como cartera para ver: ¿ESTO ES NE-CESARIO?, cada vez que la tomo es un buen recordatorio de que a veces lo es, como en el caso de un almuerzo espontáneo en el bufet indio con mi esposo; y a veces no, como comprar un traje de baño nuevo cuando vivo en un lugar frío sin salida al mar. La etiqueta me mantuvo firme. Me hizo detenerme y reflexionar.

Si bien tenía la intención de que la etiqueta frenara mis deseos de hacer cosas que no debería como revisar sin prestar atención el correo electrónico, comprar cualquier prenda que solo se pueda lavar en seco y llenarme entre comidas con refrigerios azucarados, descubrí muchas cosas valiosas que la etiqueta de «¿ESTO ES NECESARIO?» me instó a realizar. Al mirar hacia atrás en mi vida como escritora recuerdo que casi todos los días escribí. Así que, incluso si prefiero tomarme el día y hacer algo diferente, ¿es necesario escribir? Por lo general sí. ¿Sin importar si es malo y nadie lo lee excepto yo? Sí y sí.

E incluso si mis hijos se portan mal y estoy a punto de perder la cabeza y es hora de acostarse, ¿debería seguir leyéndoles un cuento? No digo que sí a todo, pero trato de decir que sí en tal caso. Es necesario para ser la madre que quiero ser.

A veces la gente nota la etiqueta en mi teléfono. Durante mucho tiempo, viajé con etiquetas de más, puesto que era divertido compartirlas. Una mujer que trabaja en una tienda puso una en el volante de su automóvil. «Estas palabras me ayudaron a superar a mi ex mientras conducía al trabajo», me dijo.

En el ajetreo de la vida cotidiana, es difícil recordar cuáles son nuestros ideales y qué trabajo es necesario llevar a cabo para crear una base, de modo que esos ideales existan. Es preciso plantear la pregunta de qué es necesario. He notado que cuando tratamos de adquirir un buen hábito, es indispensable tener algún recordatorio, por pequeño, sencillo o temporal que parezca, para tomar decisiones a diario que correspondan con nuestros valores. El hecho de enfrentarme a la pregunta cotidiana de «¿Esto es necesario?», la cual es posible replantearse de la forma que mejor te parezca, como «¿Esto es útil, amable o una fuente de alegría en este momento?», se ha convertido en un recordatorio frecuente de las promesas que me hago a mí misma, y un compromiso para cumplirlas.

TUS NECESIDADES VERSUS LO QUE ESTÁ DISPONIBLE

Cuando editas tu vida, reflexionas acerca de lo que es necesario y lo que hará que esta sea más próspera, hermosa y alineada con tu verdadera naturaleza. Esto no es fácil. Vivimos en una época y un lugar, en donde se gasta una gran cantidad de dinero en publicidad, y en donde se presenta un deseo como una necesidad. La mercadotecnia llama nuestra atención y aprovecha nuestra inseguridad colectiva acerca de si nosotros, y nuestra vida, somos suficientes, de forma que quedamos a merced de los juicios de otras personas sobre lo que es necesario para nosotros.

A final de cuentas, resulta que muy poco es indispensable en realidad. Los momentos de crisis nos dejan esa enseñanza. En una pandemia, cuando no es posible salir al mundo como antes, y cuando el hogar se convierte en una jaula para algunas personas y en un lujo perdido para otras, todos somos sabios al preguntarnos:

¿Qué es esencial?

Puede ser tener suficiente dinero para vivir de forma modesta, alimento, agua, buen dormir, un cuerpo en movimiento, algunas personas que amas, un espacio verde o alguna forma de naturaleza, proyectos, pasatiempos o actividades que puedes hacer en casa.

Los que tenemos todo lo que necesitamos somos más que afortunados. Sin embargo, es fácil dar por hecho nuestras necesidades y subestimar aquello a lo que nos acostumbramos. El deseo es relativo, pero la necesidad debe ser clara. Así pues, preguntar «¿esto es necesario?» puede ser una gran herramienta y una guía.

Al no plantear esta pregunta, nos preparamos para una crisis tanto a nivel personal como social. Para la mayoría de las personas no es necesario tener mucho, pero hoy en día hay múltiples opciones disponibles y debemos examinarlas a diario. Sin embargo, a lo largo de la historia, los seres humanos, incluso en la complicada mitad de la vida, donde me encuentro actualmente, han vivido en guaridas y cuevas acogedoras, en chozas y pequeños departamentos, en modestas viviendas de todo tipo, con pocos lujos. La gente espera vivir cómoda y económicamente en residencias universitarias y de ancianos, así como en centros urbanos. Mucha gente sale a acampar los fines de semana para dormir en una tienda de campaña, y esto se considera recreación. Nuestro tejado, aunque pequeño, contiene lujos que nuestros antepasados nunca imaginaron: electricidad, agua caliente instantánea, un baño y una ducha en el interior, y camas limpias y cómodas. Incluso el mínimo indispensable de lo que hoy llamaríamos «necesario» sería visto, por nuestros antepasados y por muchas personas alrededor del mundo, como un lujo inimaginable.

En aras de la comparación, mi abuelo, el tercer hijo de un minero que extraía carbón ucraniano, que nació en 1915 y murió en 2019, vivió la mayor parte de su infancia en diferentes cabañas de una y dos habitaciones, las cuales describió como «bastante cómodas». Un número importante de personas viven en espacios igual de reducidos, incluso en áreas urbanas adineradas. Sin embargo, muchos estadounidenses, si no la mayoría, se esfuerzan por vivir en lugares más amplios. De tal forma, procuramos proteger nuestros atiborrados hogares con alarmas antirrobo, cámaras y pistolas, por temor a lo que podríamos perder. ¿Pero en realidad podemos perder lo material? No necesariamente.

Cuando lo piensas, la mayoría de los objetos que nos pudieran robar es posible editarlos con facilidad. Prácticamente todos pueden ser reemplazados, y si no, podemos honrarlos. Las partes esenciales necesarias como la atención, el crecimiento, el conocimiento, las relaciones, la confianza en uno mismo y cuestiones similares, solo las podemos perder si elegimos descuidarlas.

El exceso de dinero, tiempo, espacio, lujo y ambición no hace que una persona esté contenta. Con frecuencia, los investigadores descubren que somos más felices cuando tenemos la capacidad de atender nuestras necesidades básicas de supervivencia (tanto la supervivencia absoluta como las necesidades culturales subjetivas; por ejemplo, la universidad), comodidades y algunos lujos. En resumen, los estudios que se interesan en la satisfacción humana encuentran que disfrutamos más de nuestras vidas cuando tenemos lo suficiente y un poco más. Sin embargo, cuando vamos más allá, la felicidad disminuye y nos sentimos abrumados, agobiados y preocupados por nuestras posesiones. Vicki Robin y Joe Domínguez, autores de *Your Money or Your Life*, observaron que «el Sueño Americano nos llevó a creer que podríamos disfrutar de un nivel de vida cada vez más alto sin renunciar a nada de lo que ya teníamos». La investigación sugiere que, incluso con tal abundancia, «no somos más felices». Hay un costo. Siempre lo hay, ya sea en expectativas, tiempo, gestión, estrés, distracción por parte de personas cercanas o peso sobre la tierra.

Un tema recurrente en la investigación que estudia la vida de los centenarios, personas que son saludables y prósperas a los cien años o más, es que pueden identificar lo que es «suficiente» en términos de actividad, comida, objetos y más, y ahí se detienen. En Okinawa, donde un asombroso porcentaje de personas viven de manera saludable más allá de los cien años, hay un dicho antes de las comidas: *Hara hachi bun me*, que se traduce como: «Deja de comer cuando estés un 80% satisfecho».

Podemos reclamar esto en cualquier área de nuestras vidas, para dictar lo que se siente como nuestro «suficiente».

PREFERIBLE LA AGILIDAD A LA COMPLICACIÓN

Es indiscutible que la vida actual es más complicada que nunca en términos de pertenencias: objetos físicos, posesiones, casas y lo que guardamos dentro de ellas. Hace mucho tiempo, nuestros objetos, alimentos y armas eran necesarios para mantenernos vivos y seguros. Estas herramientas eran más difíciles de obtener. Ahora son más fáciles de conseguir, pero a menudo, en especial si en algún momento hemos carecido de estas, sentimos que las necesitamos, como pueden ser una gran despensa, un armario para mucha ropa o varias habitaciones diferentes para llevar a cabo nuestras actividades. En ciertos casos, esto tiene sentido si alguna vez hemos padecido de escasez. Así que, es natural consumir y comprar en exceso, incluso después de tener suficiente.

Vale la pena preguntarse qué ganamos con tener demasiado. Al despojarnos de lo que no necesitamos, ¿de qué miedos podríamos deshacernos también, y qué valor o claridad podríamos obtener al reemplazarlos?

Durante mi vida, el tamaño promedio de la casa ha aumentado 304.8 m^2, mientras que el tamaño promedio de la familia se ha reducido. Asimismo, las corporaciones se han convertido en monopolios gigantes, con menos regulaciones. En algún momento, nuestro país favoreció al ciudadano común, al esfuerzo de mamá y papá, pero ya no es así. Ahora tenemos megatiendas en su lugar, en las cuales se ahorra dinero, pero se elimina cualquier relación entre comprador y vendedor, y debilita nuestro sentido de contacto humano. Compramos y desechamos mucho, a menudo sin pensar.

Y todos estamos padeciendo por este exceso. Bruno Latour, filósofo y sociólogo francés, describe un evento que ocurrió en la Conferencia de Cambio Climático de las Naciones Unidas en 2015, en el que los delegados «se dieron cuenta alarmados» de que el conjunto de planes de modernización de sus países «necesitaría varios planetas» en lugar de uno solo, el que todos compartimos. Cuando nuestras ambiciones de vida sobrepasan el mundo que dejaremos atrás, damos prioridad a nosotros mismos por encima de los miles de millones que vienen después de nosotros, y esta es una forma de dejar el mundo peor de lo que lo encontramos, justo antes de hacer nuestra reverencia e irnos.

Cuanto más complicadas se vuelven nuestras vidas, menos ágiles son. Para cada uno de nosotros, existen dificultades diarias ante las que podemos rendirnos y, en consecuencia, dejar pasar una oportunidad. Somos sabios al pensar en nuestras vidas en términos de resiliencia y fluidez, en lugar de obsesionarnos con nuestras barreras. Cuando confiamos en ser ágiles, sabemos que nuestras vidas pueden cambiar de acuerdo con las necesidades. Es posible ver nuestras decepciones y fracasos como contratiempos en el gran esquema de las cosas, razón por la cual podemos ir más allá de ellos.

Preguntar «¿qué es necesario?», y buscar el camino más fácil ante una elección nos recuerda que no estamos en la tierra para complicarnos, sino para obtener todo lo que podamos. Tal sabiduría nos recuerda que la edición, después de todo, es solo encontrar la forma correcta para que el engranaje funcione, no a la perfección, pero lo suficientemente bien como para disfrutarlo sin dejar un desorden que otros tengan que limpiar.

TU FILTRO PARA LO NECESARIO

Hoy en día cuando viajo por el mundo tengo un filtro para lo necesario que me ha proporcionado nuestra vida editada. Sé lo que me conviene y lo que no. El tejado me ayudó en este sentido. Cuando no puedes acomodar todo lo necesario dentro de tu casa, aprendes rápido a darles menor importancia a ciertas situaciones. Puedo caminar por una calle de la ciudad, observar a la gente, ver las maravillas que han construido los humanos, pero no me siento atraída por los carteles que anuncian objetos que no necesito; los filtro.

Mientras escribía este libro, me reuní con mis padres en Roma. Ahí, mi amiga Laura, una ex guía turística italiana, me dijo «¡Empápate de todo!». Traduje su consejo a través de mi lente. Me encanta caminar, las palabras y la comida. Por lo tanto, lo que necesitaba para dejarme seducir por Roma era caminar por sus hermosas calles torcidas y cruzar sus puentes, escuchar a la gente hablar el idioma para tratar de aprender algunas palabras y probar la mayor cantidad de comida posible, en especial, el helado. En lugar de tener una agenda llena, pondría mi atención en los aspectos que más me interesan como una forma de aprender sobre un nuevo lugar.

Mis mejores recuerdos fueron algunas palabras italianas; un gesto con la mano que me encanta porque involucra ambos brazos volando como pájaros gemelos desde el centro del cuerpo, una forma un tanto exasperada de decir: «¿Qué voy a saber?»; una mayor comprensión de las calles y las historias de la ciudad; y una nueva amiga, cuyo esposo conducía el taxi que me trajo del aeropuerto, y con quien luego pasamos dos divertidos días. Mi filtro sobre lo necesario me ayudó a disfrutar de las vacaciones con mis padres de una manera entretenida y no abrumadora. El perfeccionar un filtro de lo necesario y un léxico de mi propio sistema de valores hizo que las elecciones de viaje fueran más fáciles y claras.

Un filtro de lo necesario se hace patente cuando tenemos más objetos que espacio, o más obligaciones que tiempo. En el tejado, cada miembro de la familia tiene la mitad de un pequeño cajón para productos de cuidado personal. Significa que, en estos tiempos, elijo renunciar al maquillaje y a cualquier producto que cambie la textura de mi cabello. Mi consigna de cuidado personal hoy en día es «ir lo más natural posible». Le comenté esto a un amigo dermatólogo, quien dijo que en realidad lo único que se necesita en la piel es agua y, si usas maquillaje o protector solar, los puedes limpiar con un poco de aceite y una toallita suave. Esto simplificó en gran medida mi rutina sobre el cuidado de la piel, ya que antes requería docenas de botellas y cremas, y mi cutis se ve igual que siempre.

Si cocinas con frecuencia, necesitas los utensilios adecuados, pero quizás no tantos como supones. Si practicas un deporte, requieres implementos, pero no necesariamente nuevos, sino hasta que los usados te sean útiles o ya no te queden. Si a menudo te hospedas en hoteles necesitarás sábanas de repuesto, pero lo más probable es que no tantas. Así pues, el autoconocimiento conduce a una visión clara de lo necesario para navegar por el mundo.

EL LÉXICO DE LOS LUJOS

Es útil tomar en cuenta este modelo al pensar en lo que me parece un lujo que vale la pena:

Lujos

Necesidades sociales y culturales

Necesidades vitales y de supervivencia

Todos somos iguales en el nivel inferior.

En los niveles medio y superior son los que se ponen interesantes. Dependiendo de dónde vivas, en el nivel medio puede ser necesario que vayas a la universidad o aprendas un oficio; ser independiente o interdependiente en una pequeña comunidad; saber ordenar o cocinar; tener un teléfono o un jardín. ¿Me explico?

En la parte superior, cada uno puede poner lo que quiera. Los lujos de una persona podrían ser singulares o extraños para otra. Por ejemplo, mi papá viaja con al menos una docena de guías turísticas y solo un par de zapatos a dondequiera que vaya. En el caso de mi mamá, ella viaja con café. Incluso a Roma, quizás la capital mundial del buen café llevó bolsas de concentrado de café frío y un espumador manual de leche. Por otro lado, mi amiga Dar siempre viaja con sus pantuflas. En cambio, mi hijito no se imagina viajar sin su juego de ajedrez. Y mi hija viaja con más libros de los que puede leer, para no arriesgarse a terminarlos todos. Ambos niños requieren sus estuches de arte. Yo siempre llevo un traje de baño, incluso a lugares fríos, por si hay un lugar para sumergirme. Rara vez lo necesito, pero aun así. El punto es que, si puedes llevarlo y costearlo y, una razón muy importante, si no causa problemas a nadie en el universo, incluido tú mismo, entonces, por supuesto, disfruta de tus lujos.

Todo lo que está afuera de este triángulo es innecesario.

En cierta ocasión, una amiga me preguntó cómo cambiaría mi vida en caso de que contara con medios ilimitados. La respuesta salió de mi boca antes de que pudiera pensar: «Mantendría mi vida exactamente como está, con excepción de que solicitaría masajes una vez a la semana y comería bayas todos los días». Esto hizo reír a mi amiga, pero era cierto. «¿No comprarías un auto nuevo?», me preguntó. No. Me gusta nuestro viejo Volkswagen. Los autos solo me interesan como máquinas para transportar personas. Siempre compraré autos que sean seguros y usados, de ser posible que alguien más los elija, es decir, mi esposo, a quien le gustan mucho. Pero más tarde, al reflexionar sobre mi respuesta, me di cuenta de que podía priorizar un poco más esos dos lujos en mi vida.

Vale la pena considerar lo que siempre asumes como una buena inversión para ti y lo que nunca lo es. Y sí puedes dejar un poco de espacio para el «lujo» en las áreas con la mayor rentabilidad.

NEGOCIAR Y HACER SACRIFICIOS

Cuando mis hijos entraron a una nueva escuela, me hice amiga de una mamá soltera que no tuvo la oportunidad de asistir a la universidad. Trabajaba como mesera en la escuela primaria y una vez, mientras dejábamos a los niños en la mañana, me confió que siempre había querido ser consejera familiar. «¡Ajá!», pensé. ¡Su gran apuesta sin dolor! ¡Su primera elección!

Le hice preguntas sobre lo que se necesitaría. Ella ya lo había investigado. La inscripción costaba menos de lo que esperaba y tenía suficientes ahorros. Además, sus padres estaban felices de que ella y sus dos hijos se fueran a vivir con ellos para ahorrar en la renta y ayudar con el cuidado de los niños. «Pero no creo que pueda hacer el trabajo escolar», dijo. «Soy mala en la escuela». «Puede que ya no lo seas», dije. «Eres mayor ahora. Sabes lo que quieres hacer con tu título». Le sugerí leer algunos libros de consejeros familiares. «Tan solo aplica y ve lo que sucede. Puedes levantarte temprano para realizar las tareas del curso y trabajar mientras tus hijos están en la escuela».

Aplicó, entró y luego lo dejó. Para ella, no valía la pena el trabajo extra y la interrupción del estado actual de su vida. En resumen, sintió que el beneficio no correspondía con el costo. Asumió que la geometría de su vida colapsaría si hacía este cambio.

Y está bien. La vida es un pacto con el diablo. Algo debe ceder para dar paso a nuevas ideas. Christopher Vogler escribió: «Un héroe es alguien que está dispuesto a sacrificar sus propias necesidades a favor de los demás, como un pastor que se sacrifica para proteger y servir a su rebaño. En el fondo, la idea de héroe está relacionada con el autosacrificio». Para ser el héroe de nuestra propia vida, tenemos que hacer lo que nos hace sentir vivos. Quienes nos rodean se beneficiarán de ello, al igual que nosotros; añadiremos al verde del mundo. Pero debemos aceptar algunas pérdidas. Vamos a sacrificar lo que amamos. Si amamos muchas cosas, sacrificaremos un poco de todas ellas para mantener a flote las demás. Siempre es necesario algún sacrificio si vivimos de manera consciente.

Como editores de nuestras propias vidas, es necesario moderar constantemente la cuestión de a qué estamos dispuestos a renunciar para obtener lo que queremos. Dependiendo de tu apego a ello, puede que no parezca importante. Para mi familia, renunciar a una casa grande fue muy sencillo, tomando en cuenta todo lo que recibimos a cambio. Escuché a muchas personas decir lo mismo, como a una amiga banquera que vendió su casa y su automóvil para iniciar un negocio sobre atención médica. «Fue la decisión más fácil del mundo y valió la pena», dijo. Pero no todo vale la pena, y el sistema de valor y necesidad de cada uno es diferente. A veces, nuestras elecciones de vida están guiadas por lo que podemos y no podemos sobrellevar.

A menudo, por defecto, tomamos decisiones basadas en un solo indicador, que puede ser dinero o estatus, los cuales tienen que ver con la seguridad. O elegimos lo que se ve más fácil de manera inmediata, algo que tenga que ver con una forma diferente de seguridad.

Aquí hay algunos tratos que he hecho:

Elegir un trabajo interesante que no es muy bien pagado porque lo disfruto y aprendo de él.

Trasladarme al trabajo o a la escuela y convertirlo en algo placentero (conversación, audiolibros o transporte público).

Vivir en una casa más pequeña que esté más cerca de las actividades que elijo realizar.

Estos son algunos de los tratos con los que me siento bien. ¿Cuáles son los tuyos?

Al poner en la balanza cualquier opción, es importante tener en mente nuestras primeras elecciones y nuestras grandes metas. Lo que se gana debe valer más en nuestro propio sistema de valores que lo que se sacrifica. Por ejemplo, una amiga que era atleta olímpica y deseaba continuar con el deporte de alto nivel se reinventó para tener un trabajo estable con prestaciones cuando tuviera hijos. Esto tenía sentido; sus valores cambiaron. O cuando un amigo profesor renunció a su puesto para cuidar de su padre y trabajar más horas en un proyecto ambicioso acerca de un libro, lo cual antes no podía hacer mientras impartía clases. Esto también tenía sentido; sus valores necesitaban espacio para crecer. En otro caso, una amiga abogada redujo sus horas de práctica laboral a 20 a la semana para poder estudiar una maestría en escritura creativa y pasar más tiempo con sus hijos. Tuvo dificultades económicas, pero valió la pena. Hay un costo, siempre lo hay. La pregunta es si el costo vale la pena para nuestros objetivos.

Después de mi primer retiro de escritura de dos noches cuando mi hija era muy pequeña, descubrí que no podía estar sin escribir, o dicho de manera positiva, escribir era necesario para mí, así que tomé la difícil decisión de llevar a mi hija a una guardería cuatro horas diarias para poder escribir durante ese rato, los cinco días a la semana. Esas 20 horas sin ella (25, contando los traslados al trabajo) significaban menos tiempo con esta nueva niña que amaba y que empezaba a conocer. Esta dinámica no fue fácil, pero al final, negocié conmigo misma que esas horas de escritura para mí y las horas de escuela para ella estarían bien aprovechadas si le daban la oportunidad de aprender cosas diferentes a través de otros adultos empáticos, y si me daban tiempo para terminar mi libro y convertirme en la escritora que anhelaba ser. También esperaba que mi hija tuviera más energía por las mañanas antes de ir a la escuela, así como por las tardes y noches posteriores. Justamente fue como sucedió; pasamos nuestro tiempo juntas de forma más deliberada que cuando no escribía. Fue un trato con el que estoy infinitamente satisfecha. Era lo necesario para ser escritora y madre a la vez.

En mi rutina, levantarme más temprano a diario es un sacrificio fácil de llevar a cabo porque puedo escribir y terminar libros; el punto es que a las nueve de la noche ya no tengo energía. ¡Ni modo! Pero tú, querido individuo único, debes conocer tu propio léxico de valores y negociar en consecuencia. Si inicias una campaña en las redes sociales para comercializar tu música, el tiempo libre para ensayar va a disminuir. De tal modo, para algunas personas esto valdrá la pena, pero para otras no. Si comienzas una rutina de gimnasio dos veces por semana, significa que esos dos días no podrás quedarte a desayunar. Es necesario hacer sacrificios con los que podamos vivir.

ALINEA POR DENTRO Y POR FUERA DE FORMA OBVIA

Está comprobado que los hábitos son más fáciles de fortalecer cuando el mundo que nos rodea se alinea con el hábito interno que tratamos de fijar.

A veces lo necesario es tan obvio que nos sentimos tontos por no haberlo hecho antes. Si tu relación necesita más sexo, una pregunta obvia que vale la pena hacer es ¿están en la cama al mismo tiempo y de buen humor el uno con el otro? Gran parte del éxito en cualquier ámbito se reduce a despertarse y acostarse en el momento adecuado. El viejo refrán de que el aficionado estudia tácticas y el profesional estudia logística, resulta útil aquí. Puedes elaborar cualquier plan que desees, pero si no programas un momento del día para ejecutarlo, simplemente no sucederá. Aplícalo a lo que sea, desde el éxito militar hasta practicar ejercicio y emprender un negocio. Siempre se requiere un trabajo de campo obvio y de bajo nivel para convertir algo en un hábito: hacerlo una y otra vez.

A veces, esta obviedad implica apoyarse en los demás. Si quieres estar en forma, busca un gimnasio que te guste o un grupo de personas que les guste correr. Si lo que pretendes es aprender sobre cervezas artesanales y educar a tu paladar para ser más exigente, haz amigos en una cervecería. Lleva un libro para leer mientras bebes y entablas una conversación. Acude a las personas que realizan actividades necesarias para tu crecimiento.

Al sintonizar el interior y el exterior de tantas maneras como podamos, aumentamos nuestras posibilidades de pasar más tiempo haciendo lo que disfrutamos y menos tiempo haciendo lo que no. En resumen, escribimos nuestras vidas de manera que nos haga felices.

EJERCICIO DE EDICIÓN DE VIDA

1. Escribe tu jerarquía de necesidades y lujos. Traza un triángulo con dos líneas horizontales para dividirlo. Escribe cuáles son tus necesidades, tanto vitales como sociales, y cuáles son tus lujos. Comienza de abajo hacia arriba. En términos de tu léxico personal de lujos, sé sincero, incluso si te sientes ridículo. Nadie lo verá. Si tuvieras dinero, tiempo y energía ilimitados, ¿en qué los gastarías? ¿Para ti qué sería hacer un buen uso de los recursos?

2. Evalúa tu filtro de lo necesario. En el exterior de la pirámide que dibujaste en el número uno, se encuentra todo lo demás. Esas no son tus necesidades. De modo que no tienen por qué tentarte, llamar tu atención o hacerte sentir culpable. Siéntete libre de ignorarlos, porque no son para ti. Mantén esta lista cerca y respétala tanto como lo haces con tu jerarquía de necesidades. Es el territorio de nadie en términos de tu atención, aquello en lo que no necesitas invertir en este momento de tu vida (o nunca).

3. Establece un recordatorio. Puede ser una simple etiqueta en tu teléfono, una alarma o una asociación entre dos ideas (una de mis amigas decidió que era necesario practicar la atención plena o *mindfulness*, pero solo se acordaba de hacerlo cuando subía y bajaba las escaleras, haciendo de cada escalón una meditación caminada, y esa asociación se ha mantenido durante años). ¿Cómo puedes establecer un recordatorio fácil para hacer lo que es necesario y no hacer lo que no lo es? Durante un tiempo, mi esposo y yo hicimos y usamos brazaletes de caucho verde con una *frase amable* escrita en el borde, para recordarnos que todos los días debemos liderar con amabilidad.

4. Alinea por dentro y por fuera. ¿Hay una adecuación simple y obvia que puedas hacer entre tu deseo interior y el mundo exterior? Piensa en la logística básica: acostarse más temprano. Dejar el teléfono o la tarjeta de crédito en casa por periodos breves. Caminar en lugar de conducir. Colocar la comida sana al frente de la despensa. Sonreír a un miembro de la familia antes de pedirle algo. Intentar decir sí antes que no a un niño («Sí, podemos ir al parque, pero no será esta noche, porque ahora es hora de dormir»). ¿Qué ajuste simple y pequeño podría hacer un gran cambio?

5. Déjate de pretensiones. ¿Hay algún aspecto en tu vida en el que de manera continua te sientas como un impostor? Piensa en una forma de reformularlo, como decir: «No he leído mucho al respecto, pero me encantaría que me contaras más». Acepta que esto es simplemente quién eres y lo que sabes en la actualidad, y que es tu elección continuar adquiriendo conocimiento y práctica, o dejarlos ir.

6. Prueba un día «sin». Intenta pasar un día sin algo que sea necesario reemplazándolo con otra cosa. Por ejemplo, en lugar de servirte un segundo plato cuando ya estás satisfecho, toma una taza de té. En lugar de cambiar los canales de cable cuando estás aburrido, ¿qué tal si inviertes tu tiempo libre realizando una actividad que te gustaría hacer con mayor frecuencia (leer, practicar un instrumento, llamar a alguien)? En lugar de tener la última palabra en una discusión cuando estás molesto, en este único día, tan solo di «Está bien» o «Estoy de acuerdo con disentir»; o incluso «Quizás tengas razón». Fíjate cómo se siente cambiar tu idea de acuerdo con la situación.

7. Nombra la negociación. ¿A qué tendrías que renunciar si decidieras trabajar en lo que consideras como lo más necesario en tu vida? ¿Es algo importante, o algo insignificante? Siempre hay algo, por grande o pequeño que sea. A lo sumo, puede que tengas que mudarte de ciudad o de casa; lo mínimo es que tendrás que desplazarte por más horas. Si nombras tu negociación, comprendes tus parámetros y piensas en lo que podrías hacer para que ese sacrificio sea factible o incluso beneficioso. Así pues, estarás un paso más cerca de aceptar los costos de lograr tu vida de primera elección.

PARTE 2

EDITA
TU VIDA

4

EDITA PARA MAYOR CLARIDAD

Establece límites con amor

Algunas de las luchas diarias más impresionantes a las que me he enfrentado, como joven escritora y madre, son las mañanas. Si quería vivir mi vida de primera elección, necesitaba adelantar mis libros en las primeras horas del día, antes de que alguien requiriera mi energía para algo más. Si me despertaba antes del amanecer para llevar a cabo lo que me satisfacía, nada podría perturbarme. Eso me dio la inmunidad a un día completo contra la negatividad: un escudo. Al empezar mi día con la escritura, el ejercicio y la soledad, me sentía segura, tranquila y eficaz. En ese rato era la mejor versión de mí.

Me preparaba. Ponía la alarma, me acostaba temprano y arreglaba mi ropa. Luego, despertaba a mis hijos, cuanto antes mejor, y tenía dos horas tranquilas para escribir. Pero me superaban a diario, siempre de la manera más amorosa. Yo iba de puntitas en silencio hacia mi escritorio, con una taza de té en la mano, a las cinco y media de la mañana y el bebé con enormes pañales y en pijama me olía y se acercaba con una gran sonrisa, listo para comenzar el día. Empecé a despertarme más temprano, cinco y cuarto o cinco. Era agotador y poco agradable el tener que adelantar la hora, pero tenía que hacerlo.

Pensé en mis antepasados, mineros del carbón y ganaderos, y en cómo esta era su hora de la mañana para golpear la roca dura e implacable o para atender a sus animales hambrientos, en la espera de que ese día no se los tragara. Soy demasiado afortunada de poder hacer el trabajo que elijo (escribir) en un lugar (oficina en casa) y a la hora de mi elección (temprano en la mañana). Pero parecía que no podía levantarme lo suficientemente temprano para hacer mi trabajo, mi primera actividad preferida, que me hace sentir completa y feliz, antes de que el día y sus muchas demandas se hicieran cargo. Y como Joyce Carol Oates menciona: «El gran enemigo de la escritura es la interrupción de otras personas. La cara de tu peor enemigo tendrá la cara de tu persona más querida».

Enfocarme en escribir antes de pasar el día concentrada en mi hogar se sintió como un límite obvio y necesario, en especial porque mi esposo tenía un horario de trabajo diurno más regular, así que organizó sus actividades lo mejor posible. Yo intercalé algunas tareas entre las suyas, aunque ninguna funcionó de manera regular, de cualquier forma, en algunos casos pudimos resolver la situación.

La primera fue pedirle a mi esposo que estuviera al pendiente en las mañanas. Siempre decía que sí, pero este punto significaba cosas diferentes para ambos. Para mí era necesario estar presente cuando nuestros hijos despertaran y ser amorosa con ellos en ese momento. Mi esposo, por otro lado, tenía la necesidad de dormir hasta pasadas las seis, por lo que toda esta batalla se manifestaba durante sus horas de inconsciencia. Si le encargaba a los bebés, ellos regresaban como *boomerang* a mí.

La segunda tenía más inspiración. Instalé sus escritorios en mi oficina, incluyendo su material de arte y refrigerios, y traté de mostrarles que la mañana es un momento excelente para los proyectos, con beneficios y ventajas concretos. Asimismo, intentamos usar un temporizador para el «tiempo de trabajo».

Esto funcionó para divertir a los niños y ganarme unos minutos entre las diferentes tareas.

La tercera fue encontrar una cafetería que abriera a las seis de la mañana. ¡Esta fórmula siempre funcionó!

Así pues, pude realizar estos tres cometidos, terminando siempre a las ocho de la mañana para luego poner la mayor atención a mis hijos durante unos minutos antes de que se fueran. Mi esposo los llevaba a la escuela y yo los recogía.

De forma rápida, el tiempo pasó y para mi asombro, mi hija ya no me acompañaba en las mañanas. Aunque mi hijo todavía lo hacía, ella se había acostumbrado a dormir hasta después de las siete. Y luego, de repente, ambos dormían de manera profunda, largas noches, y ya no querían despertarse temprano y pasar ese tiempo conmigo. En la forma *vertiginosa* en que recuerdo todo sobre la maternidad temprana, me di cuenta de que lo extrañaba.

No obstante, me llevo un regalo de esos siete años de intentar y fallar a diario al despertar antes que el resto de mi familia; por lo regular, aún despierto temprano y lo primero que hago es escribir. Esta disciplina me permite vivir con plenitud durante el día. Tengo la oportunidad de asistir a los eventos escolares de mis hijos, colaborar con otros artistas, impartir un taller sobre escritura, reunirme con amigos, ir de excursión y tener citas espontáneas con mi esposo, así como atender las actividades propias del día.

Este regalo me une a mis hijos, que son mi catalizador para convertirme en una escritora matutina, y a mis antepasados, que se despertaban temprano por sus propias razones de supervivencia. A la fecha, trato de adelantarme y escribir mi libro antes de que alguien diga mi nombre.

Y si de verdad tenemos mucha suerte, lo que queda de nuestro trabajo somos nosotros mismos.

LOS LÍMITES HACEN QUE LO INVISIBLE SEA VISIBLE

Tus límites provienen de tus primeras elecciones. Son esas certezas de valor absoluto sobre quién eres, basadas en un examen minucioso de tu vida.

Todos tenemos estos límites invisibles que podemos identificar con facilidad porque protegen tanto los puntos sensibles como las emociones profundas. Cuando se rebasa un límite demasiadas veces, nos enojamos o nos frustramos, porque alguna parte vital de nosotros se ha visto amenazada. Cuando esto sucede, bien vale la pena preguntarse qué hay al otro lado de ese límite. ¿Qué protege?

Del otro lado hay un precipicio por el que te puedes caer, un punto crítico o alguna consecuencia desagradable. No tiene que ser terrible o punitivo, pero tiene que ser real. Para hacer visible lo invisible, es necesario considerar una emoción o situación que deseamos evitar, y luego establecer la barrera más simple posible frente a ella. Idealmente, nuestros límites evitan que caigamos de este acantilado hacia el desagradable lugar que se encuentra debajo. Por ejemplo, un escritor que no quiere perder interés en su proyecto podría establecer una barrera para tener contacto con ese propósito laboral y trabajar en su contenido, solo durante media hora más o menos, todos los días de la semana. Alguien que quiere mantenerse flexible y no perder movilidad física podría poner el límite de no cepillarse los dientes hasta que haya hecho un poco de estiramiento. Uno de los límites de mi abuela es que siempre tendía la cama mientras aún estaba en ella, para que una parte de su habitación estuviera ordenada cuando se levantaba. Los límites pueden ser grandes o pequeños, diarios o no relacionados con el tiempo, pero deben mantenernos enfocados de algún modo.

El proceso para que un límite sea visible es de naturaleza tanto idealista como práctica. Es necesario establecer el ideal de la gran meta, y luego, a diario, *poco a poco*, realizar tareas concretas para alcanzarlo. Cuando defines tus propios límites con amor, declaras tus verdades, tus comodidades y lo que puedes y no puedes aceptar. Nadie más está facultado para modificar estos límites ni tiene derecho para discutirlos; en particular, las personas que más amas.

Esta edición pide que establezcas tus límites o que los generes, y luego los hagas públicos, para que todos puedan verlos. Esto es mejor que exigir de mala gana y malhumorados nuestras demandas, la cual es la forma como a veces respondemos cuando chocamos de manera accidental con un límite invisible.

Una de las historias acerca de los límites más importantes de mi vida ocurrió cuando estaba recién casada. Yo trabajaba durante la semana como maestra de décimo grado en una escuela preparatoria, mientras que mi esposo laboraba en casa y pasaba el día solo. Los fines de semana, después de darles todo mi corazón y esfuerzo a mis alumnos a lo largo de cinco días, me quedaba sin energía para los demás (mi hermana lo llamaba «quedar toda despersonada») y necesitaba tiempo a solas. No obstante, con justa razón, los fines de semana, James quería pasar un rato conmigo, su principal compañía.

De tal modo, lo que hacíamos era pasar el sábado juntos, almorzar los domingos con la familia de mi esposo, y luego, alrededor de las cuatro de la tarde de cada domingo, discutíamos.

Era una situación rutinaria, y siempre se trataba de algo irrelevante. Para calmarme, iba a un café a escribir en mi diario y luego, después de una hora o dos, volvía a casa lista para reconciliarme y cenar juntos.

Aproximadamente, un mes después, James muy sensato me preguntó si era buena idea que yo fuera directo al café después del almuerzo con los McKetta para que así pudiera tener un poco de tiempo a solas y, luego, cuando tuviera ganas, regresara a casa para pasar el resto del día juntos.

Lo intentamos, ¡y funcionó! Fue una sorpresa que algo tan simple pudiera mejorar tanto una relación. Lo que James pudo ver, al observar de cerca, semana tras semana, es que parecía que la única forma en la que sabía pedir tiempo para mí misma era iniciar una pelea, y después irme sola, por lo que su recomendación solucionó este asunto.

Ahora «E a solas, J a solas y cualquiera a solas» es solo una frase en nuestro vocabulario familiar. Algo que le recordamos a nuestros hijos, a nuestros padres y a los demás, es que, si necesitas tiempo a solas, solo dilo. Lo atractivo de esta apuesta es que pone el límite a la vista y se respeta de manera colectiva. Nadie se enoja o debería enojarse cuando alguien dice: «En este momento necesito tiempo a solas». Todos tenemos derecho por costumbres familiares a replantearnos nuestro propio espacio y tiempo. Una vez escuché a Cora cuando era pequeña explicarle al perro: «¡Mi tiempo sola!» (ella quería su espacio).

Todo el mundo tiene límites internos, normas necesarias o reglas personales para el camino. El truco con la edición es hacerlos visibles para que no causen inquietudes emocionales cuando se abordan.

LOS LÍMITES DEBEN TENER UNA LÓGICA

Los límites no son arbitrarios, sino que se derivan de situaciones concretas —de quién/qué/cuándo/dónde— de tu vida. Un límite es útil porque sabes cuándo llegaste a cierto punto y puedes autocorregirte antes de caer por completo del acantilado y estrellarte en el fondo.

Cuando nosotros editamos nuestra vida al mudarnos al tejado, establecimos una breve lista de límites básicos diarios y semanales que respetarían los pequeños metros cuadrados y nos permitirían coexistir en paz. Debe haber una razón lógica; si el límite es que toda nuestra ropa debe caber en dos cestos pequeños y un clóset con ocho ganchos, en nuestro caso, es porque ese es todo el espacio que tenemos para la ropa.

A veces la razón es menos visible, pero igual de lógica. Del mismo modo que la ley, un límite surge cuando algo sale mal por no estar establecido. Así, cuando mi esposo frió un huevo por primera vez en el tejado y el olor permaneció durante días en todas las habitaciones, decidimos que una cocina con más vegetales sería una buena idea en esta vivienda en particular.

Los límites en los alimentos son un buen punto para comenzar porque son muy claros. Mark Bittman, célebre periodista gastronómico y autor de libros de cocina, se impuso un límite luego de que su médico expresara su preocupación por su presión arterial: decidió ser vegano antes de las seis de la tarde (VA6, como él lo llama). Esto significa que puede consumir los mejores alimentos del mundo en la cena, mientras sigue las indicaciones del médico durante el resto del día.

A veces, los buenos límites resuelven los problemas de dos en dos. Mi esposo ideó un límite eficaz que ayudó a nuestros hijos a ser más capaces y a trabajar más en equipo. Cada vez que se quejaban de hacer algo sencillo y simple que les parecía difícil, como tender la cama o limpiar el baño, les asignaba la tarea de trabajar juntos en ello. Por medio de este límite aprendieron a preguntarse entre ellos antes de consultarnos, por qué cuando se quejaban con nosotros, los mandábamos de regreso para que se apoyaran entre ellos. Vale la pena considerar si hay algún desafío en tu vida que pueda resolverse «de dos en dos», ya que, con este límite, se solucionaron dos asuntos: los niños que se dan por vencidos con demasiada facilidad en las tareas ordinarias y la discusión que se daba entre ellos mientras las realizaban. Debería ser un ganar-ganar lógico.

Los límites no deben ser demasiado restrictivos. Puedes cruzártelos y evitarlos. El punto es vivir de manera cómoda en su margen, permanecer seguro en el camino y no estar al pendiente de ellos.

Estos son los nuestros al momento:

- **Ropa:** Como no tenemos lavadora ni secadora, pagamos un dólar por medio kilo para cubrir el servicio de lavandería. Los cuatro compartimos dos toallas y les enseñamos a los niños cómo colgarlas. Para cada temporada, tenemos en nuestro clóset ocho conjuntos cada uno, de manera que nos duren entre los días de lavado. Además, para tener un espacio adecuado, guardamos nuestra ropa que no es de temporada en un contenedor que está en el garaje.

- **Juguetes:** Los guardamos en el mismo contenedor y dejamos que escojan algunos para sus cajas más pequeñas, así caben en los estantes del tejado. Los niños pueden intercambiar juguetes en cualquier momento. En primavera, los alentamos a hacer limpieza con la opción de donar juguetes usados a niños más pequeños.

- **Trabajo:** Trabajamos en una oficina a dos cuadras de la casa, en un garaje, y construimos una pequeña «oficina de emergencia» de 1 × 1.5 m dentro del tejado.

- **Deberes con los hijos:** Compartimos la responsabilidad de criar a los niños por igual. Mi esposo está con ellos en las mañanas mientras yo trabajo, y luego, a la inversa. Procuramos desayunar y cenar todos juntos con la mayor frecuencia posible.

- **Dinero:** Ajustamos nuestros gastos a la mitad de ambos sueldos e ingresamos la otra mitad directo en una cuenta de ahorros para inversiones y viajes (en proporciones equitativas). Nos limitamos a un presupuesto en efectivo para alimentos, el rubro donde es probable que gastemos de más.

- **Justicia:** Ponemos a los niños en el «mismo barco» para que se apoyen entre sí; cuando se portan mal, les pedimos que ayuden a idear un método y una forma para «llegar a lo bueno». Tratamos de ser justos. En los días impares, nuestra hija tiene la primera elección y en los días pares, nuestro hijo.

- **Citas:** Mi esposo y yo tenemos citas todos los martes, ya que es la única noche que nuestra niñera se encuentra disponible. Nos turnamos para tener citas de fin de semana con cada uno de nuestros hijos. Menos divertido, pero igual de necesario, es reunirnos una vez a la semana para abordar asuntos financieros, con la intención de evitar en casa las conversaciones de trabajo.

- **Descanso:** Casi todas las noches llevamos a los niños a su cama a las ocho. Los fines de semana o días festivos, todos dormimos una siesta al mediodía. Y nuestra regla de oro: no hablar de temas delicados después de las nueve de la noche.

- **Amigos:** Nos encanta ser anfitriones, por lo que tenemos un sofá cama para los invitados. Asimismo, invitamos a los amigos de los niños a pijamadas, y por lo regular ellos traen sus bolsas de dormir. En temporada de calor, organizamos cenas al aire libre. En los meses más fríos, planeamos cenas más íntimas en el interior o llevamos comida a las casas de los amigos.

- **Comida:** Mantenemos una cocina vegana para mayor facilidad, limpieza y para aprovechar al máximo el espacio; sin lavaplatos, con un *frigobar* y suficiente espacio en la alacena para una veintena de frascos de vidrio con frijoles, granos, nueces y refrigerios saludables. En el tejado no guardamos comida que no sea necesaria.

- **Limpieza:** Limpiamos y ordenamos en el momento y enseñamos a los niños a hacer lo mismo, ya que, si bien una casa pequeña se limpia rápido, el desorden de una persona la hace inoperante para los demás. Los sábados, los niños nos ayudan a hacer una limpieza de casa más exhaustiva, lo cual toma unas cuantas horas.

- **Viajes:** Durante el otoño y la primavera, cuando el clima de Boise es agradable y los niños están en la escuela, nos quedamos en el tejado, y realizamos nuestro viaje en las vacaciones de invierno (tres semanas) y en verano (tres meses). Planeamos pasar uno o dos años completos en el extranjero cuando los niños crezcan.

- **Comunidad:** Tenemos membresías para sitios infantiles de la zona que son divertidos (museo científico, zoológico, jardín botánico, biblioteca, alberca, etc.) y casi todos los días salimos a pasear después de la escuela.

Cada uno de estos límites tiene su lógica, y hay una consecuencia si los rebasamos. En el tejado, si los materiales de arte no caben en su caja, deben dejarse fuera. Si luchamos contra este límite, romperemos la caja. Solo tenemos una mesa, por lo que no podemos cenar a menos que la limpiemos. Si vamos en contra de este límite, tendremos brillantina y pegamento en nuestra comida. Si no cocinamos en casa, gastaríamos de más al comer en la calle, o tendríamos demasiada comida chatarra (lo último no es tan malo, en realidad). Si regresamos a casa directo de la escuela durante varios días, en lugar de tener algún esparcimiento por la tarde para «sacar nuestra loquera», como lo llama Cora, es probable que todos estemos estresados antes de la cena. Si James y yo discutimos antes de dormir, ambos nos despertamos sintiéndonos tristes y dispersos. Hemos experimentado estas consecuencias y visto los resultados, algunos peores que otros.

Tener únicamente los alimentos que deseamos comer en la casa nos ahorra ciertos inconvenientes. A Scott le gusta hacer licuados, para lo cual tiene permiso; salvo por los tomates y el comino, no hay mucho que guardemos en el tejado que pueda arruinar el sabor (los menciono por experiencia: ¡tiramos ese licuado!). Conoce la receta y dónde se guardan los ingredientes. Haga lo que haga, solo puede resultar algo bueno. Este es un límite que lo empodera y nos ofrece a los demás un buen desayuno.

Otro límite que tuvimos que poner en el tejado implicaba productos químicos de limpieza. Hay alrededor de 30 cm de espacio debajo del fregadero, de modo que los únicos artículos de limpieza que mantenemos y usamos son vinagre y jabón de Castilla. Esto significa que los niños pueden curiosear en la gaveta del fregadero y no encontrarán nada que ponga en riesgo su salud.

A la hora de almorzar, debemos lavar los platos del desayuno, ya que la cocina es muy pequeña y solo tenemos ocho piezas de cada utensilio que necesitamos: platos, tazas, tazones, cuchillos, cucharas y tenedores. Suficiente para nosotros y cuatro invitados. Una vida así requiere que hagamos una breve pausa, recojamos la mesa y lavemos antes de pasar a cualquier otra actividad.

En una casa editada, este orden se presenta de forma natural. Cada actividad, cada «trabajo» tiene una etapa de preparación, una del acto mismo y una de limpieza. Sin estos límites, habría que tomar constantes decisiones sin importancia. Sin tales límites, viviríamos en las tres etapas a la vez, lo que para mí en la casa grande siempre se sintió como una sola etapa: una limpieza frenética e interminable. Sin límites en casa, las tareas domésticas consumirían horas. Antes de editar nuestras vidas, cuando los niños me pedían que les leyera, algo que me encanta hacer, por lo regular me encontraba en medio de una tarea interminable (lavar trastes o ropa, o hacer limpieza). Así que respondía: «Cuando termine», pensando que podría relajarme y leer una vez que hiciera el trabajo doméstico, el cual nunca se terminaba.

Los límites evitan que lo que no tiene importancia en tu vida se desborde y que lo importante se ahogue.

PRIMERO PREGUNTA DIRECTAMENTE

Una vez que hayas dedicado tiempo a pensar en estas primeras ediciones, es probable que tengas una idea de tu primera elección para una vida ideal y los límites necesarios para protegerla.

Para que un límite sea visto y respetado, necesitamos relacionarlo con otros.

Esto a menudo significa preguntar primero directamente. Cuando preguntas sin rodeos, invitas a alguien más a considerar sus límites. ¿Se sienten cómodos haciendo, dando o recibiendo? Trata de pedírselo sin cortapisas a quienes puedan ayudarte a conseguirlo. Pídeles a tus padres que respeten tus elecciones de vida, a tus hijos que preparen sus propios almuerzos y a tu jefe que te dé más responsabilidades y un aumento. Esperar a que otros adivinen lo que queremos (o tratar de adivinar lo que otros quieren, sin preguntar) es agotador y tan preciso como mirar una bola de cristal.

En estos días trato de practicar sin miedo el arte de preguntar amablemente a los extraños, como cuando me quedo en un hotel y el del cuarto de al lado hace ruido a las dos de la mañana. Es tentador llamar a la recepción, pero es más amable y valiente hacer la solicitud directa, mientras apelan a su yo superior: «Hola, chicos, ¿podrían por favor bajar el volumen? Trato de dormir en el cuarto de al lado». Puede funcionar o no, pero combina (1) la pregunta directa específica con (2) la razón de esta, y la mayoría de la gente responderá de manera razonable.

Hablar con franqueza y otras formas de autoafirmación no me han resultado naturales. Durante gran parte de mi vida, sentí, de manera instintiva, que la cortesía importaba más que la honestidad; me tomó mucho tiempo aprender a decir exactamente lo que quería decir. ¡Como el tema de pasar tiempo a solas! En realidad, tanto la cortesía como la honestidad son importantes y pueden coexistir de un modo simple. La verdad es que nunca conocemos realmente el interior de otra persona, ni las intrincadas redes de cómo y qué sienten. Al preguntar directamente, tanto en nombre de nuestras primeras elecciones como en un verdadero esfuerzo por comprender o defender las de otra persona, dejamos de lado las conjeturas y solo lo intentamos. Esto cuenta mucho, ya que termina con un bloqueo que para muchas personas dura toda la vida. Por ejemplo, una pareja que conozco, con 40 años de sólido matrimonio requirió tres sesiones con un consejero matrimonial antes de que ella pudiera pedirle a su esposo que no usara su computadora sin su permiso.

Siempre es divertido lo que se convierte en un tabú, en una situación o en una relación determinada. Tenemos miedo de preguntar solo porque sospechamos que es verdad de manera indirecta.

Cuando tenemos el hábito de preguntar directamente, los tabúes se desvanecen de inmediato. Mucha gente tiene miedo de expresar sus verdaderos pensamientos, porque creen que la verdad no es bienvenida. No obstante, implica más trabajo y se desperdicia mucha más energía al girar alrededor de la verdad que al pisar el pie de alguien y disculparse.

> La verdad es siempre la primera elección.

Es así, aunque tenga muchas caras. A pesar de que nuestras verdades entren en conflicto, es mejor abordar el tema y escuchar con la mente abierta. Preguntar directamente es una forma de decir la verdad.

La franqueza es tan importante en el ámbito del trabajo al igual que en el amor. A veces, en un empleo, no nos dan aumentos o un quehacer más interesante, simplemente porque nunca lo pedimos. En ocasiones, en una relación, cuando estamos molestos por algo, es porque nos dan amor de una manera que no vemos, o porque damos amor de una forma que la otra persona no lo percibe. Una simple pregunta directa puede resolver esto.

En mis primeros años de matrimonio, solía tratar de anticiparme a las necesidades de mi esposo para resolverlas. Resultaba que mis esfuerzos terminaban por molestarlo, ya que lo hacían sentir que yo lo veía como un incompetente. Además, en aquella primera etapa, me criticaba con frecuencia sobre cómo podía mejorar los aspectos que, según yo, los hacía lo suficientemente bien, como alimentar a los perros y conducir. Esto me molestó e hirió mis sentimientos. Los dos continuamos un tiempo así, hasta que una conversación directa nos iluminó. Advertí que sus críticas tenían la intención de ser un regalo para ayudarme a ser más eficiente y lo decía con buenas intenciones. De tal modo, él notó que tengo mi propia manera de hacer las cosas y que sus palabras me estresaban, así que ideamos una forma sobre cómo podía darme su opinión sin frustrarme, y también platicamos acerca de situaciones en las que no era necesario hacerme ningún comentario, sino tan solo aceptar que mi manera de dar de comer al perro o de conducir el coche es distinta a la suya. Asimismo, advirtió que mis esfuerzos cotidianos de hacer algunas tareas para él, aunque de manera imperfecta, era mi manera de mostrarle amor. Sin embargo, expresó su molestia al señalar que él es un adulto, así que no necesita que yo satisfaga todas sus necesidades. Sugirió otras formas en las que apreciaría mi interés. Una conversación directa y efectiva aligeró la carga para ambos.

Ahora hago lo mismo por mis hijos, padres, amigos y alumnos. En lugar de adivinar, simplemente pregunto «Niños, ¿quieren que les prepare el almuerzo o prefieren buscar algo de comer?». Por lo general, quieren buscar algo de comer. Es una pregunta justa y útil siempre que esté satisfecha con cualquiera de las respuestas. Asimismo, para los amigos que están de visita en la ciudad: «¿Les gustaría que planifiquemos los días de su visita o los dejemos abiertos y espontáneos?». Por lo general, piden que sean abiertos, lo que me ahorra tiempo de planificar algo que en realidad nadie quiere hacer. También para los alumnos: «¿Les gustaría resolver este problema del libro juntos, o preferirían hacerlo por su cuenta?». Todas estas son formas diferentes de hacer la misma pregunta: ¿A través de qué canal quieres recibir lo que me gustaría darte?

Así pues, preguntamos directamente a los demás para que compartan sus necesidades y nos ayuden a satisfacer las nuestras.

Con las personas con las que vivimos y amamos más, a veces tenemos que preguntar directamente una primera, segunda y tercera vez, a diario. Pierdo la paciencia con mis hijos alrededor de la tercera, cuando les pido que hagan una tarea simple como lavar los platos o cepillarse los dientes (las rutinas matutinas me ayudan mucho a mantener la paciencia). Cuando siento que «pierdo la trama», como lo llama mi amiga Asti, les digo a los niños: «Ya les pedí de manera directa tres veces que...». Por lo general, eso los pone atentos. Es una declaración certera, que contiene algo específico, es un reconocimiento de que hago lo mejor que puedo y estoy preguntando directamente. Desde pequeños, los niños asimilan este concepto. Pueden hacer lo mismo la mayoría de las personas razonables.

También me puedo preguntar directamente ¿y si me rebelo contra mi propio método y tan solo no lo hago? ¿Puedo posponer la calificación para esta tarde si lo que en verdad quiero hacer esta mañana es salir a caminar? ¿Puedo negarme a asistir a cierto espectáculo nocturno, aunque amo a la amiga que me invitó, solo porque no me gusta quedarme despierta hasta tarde? ¿Puedo verla para comer otro día, o preguntarle si podríamos ir a la matiné? Si algo me produce temor o ansiedad, aunque sea algo mínimo, vale la pena parar y preguntarme de manera directa por qué me sucede. Podemos darnos el gusto.

La pregunta directa más simple para liberarnos de algo que se siente como una carga es: «¿Tengo que hacerlo?». Mis hijos preguntan esto a menudo. Es un asunto importante. Muchas veces, la respuesta es no. O «ahora no». Le hago esta pregunta a otras personas de diferentes maneras. «¿Qué tan importante es que yo...?» o «¿Hay alguien más que disfrutaría...?». También de forma asertiva: «¿Cómo puedo ser más útil en concreto?» o «¿Qué puedo hacer hoy por ti?». Todas las anteriores son buenas preguntas que invitan a los demás a exponer sus necesidades de una forma directa.

También puedes ser directo al pedir una mejor manera de contribuir y ser útil; por ejemplo, cuando me invitaron a ser voluntaria en la escuela de mis hijos, no quería que me asignaran una tarea aburrida, así que fui directa al pedir mi idea voluntaria de primera elección para contar cuentos de hadas en las clases de los niños una vez a la semana. La escuela aceptó encantada. Preguntar directamente es una forma de decir la verdad, la cual es siempre la primera y más simple elección, aunque tenga muchas caras. Preguntar primero directamente es una forma de separar el comportamiento de segunda elección de las relaciones desordenadas, incluida la relación con uno mismo.

LOS LÍMITES TIENEN VIGENCIA

Los límites que definimos durante los tiempos de estabilidad requieren una reevaluación durante las crisis, aunque es mejor no abandonarlos en los momentos difíciles, ya que pueden mantenernos a flote mientras recogemos los pedazos.

Varios de nuestros límites desaparecieron durante la pandemia, por ejemplo, las salidas regulares después de clases, la escuela en general, los horarios fijos para acostarse y el presupuesto en efectivo para la comida. Incluso, descubrimos que nuestros límites se evaluaron a sí mismos al dejar solo lo más esencial. En primer lugar, no hablar de ningún tema delicado después de las nueve de la noche, y en la medida de lo posible, ser equitativos con los niños. Como dijo Eisenhower: «Los planes son inútiles, pero la planificación lo es todo». Los límites nos alinean de un modo interno, así que cuando nuestras vidas son editadas por fuerzas externas, aún podemos mantenernos fieles a algo.

Los límites establecidos durante el año escolar son diferentes de los que se necesitan en el verano. Antes de la época del virus, y espero volver a hacerlo algún día, tenía la costumbre de llevar a los niños todos los años a Boston, donde enseño en la escuela de verano. Mi esposo se quedaba en casa, ya que es la temporada de mayor demanda en su trabajo. Durante uno o dos meses, solo me tenían a mí, aunque siempre cuento con mi mamá o con nuestra maravillosa niñera para que haya dos adultos. En el día, paseábamos por la ciudad y en la noche impartía clases. Actualmente, tenemos tres límites de verano que se mantienen constantes año tras año, los cuales enmarcan nuestras actividades cotidianas.

Primero, salimos de casa después del desayuno. La lógica es que viajamos desde lejos para vivir igual a como lo hacemos en casa. No podemos pasar todo el verano adentro jugando con legos, aunque muchas veces esto lo hacemos en tardes calurosas. No importa si salimos a la oficina de correos, al museo o al parque. Nosotros salimos.

Segundo, después de almorzar, descansamos por dos horas. La lógica de esto es que los niños necesitan descansar y yo tengo que calificar trabajos.

Tercero, los niños tienen «autonomía» (su palabra preferida) cuando salimos a comer, siempre y cuando, balanceen sus alimentos de acuerdo con el plato de comida de Harvard: la mitad de frutas y verduras, un cuarto de proteína y un cuarto de fibra. La lógica es que implica algo de ciencia, y lo último que quiero es pasarme todo el verano jugando a la policía alimentaria.

Al respetar dichas reglas, estas se vuelven más firmes en la base de nuestras vidas, y al final, ahí se quedan.

TUS LÍMITES SON TU RESPONSABILIDAD

Mantengo mis límites personales escritos sobre mi escritorio y los reviso cada cierto tiempo. Los detalles cambian, pero el panorama general se mantiene. Mis límites sirven como un simple mínimo satisfactorio de la forma en que quiero vivir, y se reflejan en mis actividades diarias, semanales y por temporada. Son mi práctica personal, mi receta de vida para hacer el trabajo diario. A saber, escribir primero y calificar los trabajos de los alumnos al día siguiente de recibirlos, no tener reuniones antes del mediodía, hacer ejercicio de manera simple (principalmente caminatas, yoga o una rutina vergonzosa con un banda elástica), pasar tiempo con mis seres queridos todos los días (lo que incluye llamar o ver a un amigo por las tardes, hacer todo lo posible para escuchar sin interrumpir ni aconsejar, y encontrar la manera de hacer algo amable por un extraño) y, finalmente, tratar de aprender algo nuevo cada día, así como divertirse.

Si no mantengo estos límites, nadie lo hará. Si un amigo quiere reunirse para platicar antes del mediodía, es mi responsabilidad decir: «Te llamo después de comer». O mejor aún, trabajo hasta las 12 p. m., con el teléfono en silencio, a excepción de algunas llamadas de emergencia (en caso de que llame mi esposo, mis hijos o mis padres). Si no procuro mantener mis límites personales, lo más seguro es que me preocupe por el trabajo cuando esté con mis hijos, o me arrepentiré de mis desatenciones como madre cuando me encuentre trabajando. No es un uso de tiempo de primera elección.

Algunas personas tienden a luchar contra los límites establecidos por alguien más, en especial por sus seres queridos. Debemos emplear nuestros límites como armadura alrededor de nuestros familiares, no importa cuánto los amemos. En el caso de que un miembro de la familia insista en sobrepasarlos, lo amoroso es preguntar directamente por qué.

Pregunta a dicha persona qué significa exactamente este límite para él y por qué parece representar una amenaza. El modelo de los límites conyugales es diferente de lo que necesitaríamos establecer con nuestros hijos, padres o amigos. Al final, trato de mantenerlos a todos con amor. Si fallo, lo intento de nuevo.

Puede resultar difícil manejar límites positivos, incluso sin peleas. Es probable que sea desgastante establecerlos y defenderlos. En parte, la ciencia sugiere que la fuerza de voluntad es un músculo que se desgasta, por lo que es aconsejable conservarlo para cuando se requiera. Algo que me encanta de vivir en una casa pequeña es que, por su naturaleza, esta en sí tiene muchos límites, de modo que yo no tengo que establecerlos. Con frecuencia, la casa juega a ser el policía malo para que los adultos podamos jugar a ser el policía bueno.

Cuanto más editada esté nuestra vida, más transparentes deben ser los límites. Con cuantas más personas vivamos (cada una con sus propios límites), más relajados debemos estar con todo excepto con nuestros límites. Una de las consignas de mi esposo es que tiene que ir a nadar al menos dos veces por semana. Si no lo hace, se pone de malas y se siente encerrado. Mis hijos están empezando a definir sus propios límites, así que observo con atención para asimilarlos y tratar de respetarlos.

Cuando siento la tentación de ignorar mis propios límites, me ayuda recordar su lógica obvia y su razón de ser. Si tengo que encargarme de mis hijos mientras realizan sus tareas, eso significa que no hago las propias, por lo que todo toma más tiempo, de modo que es probable que no podamos hacer nuestro divertido ritual de pizza y película familiar los sábados por la noche. Si llevo a mi cita de la noche con James los asuntos de la casa, el tiempo de intimidad se convierte en tiempo de transacción, lo que ocasiona cierta incertidumbre durante la semana. Así pues, hay una consecuencia concreta (pero no nefasta) si fallamos. Por eso, aprendemos a ganar cada semana.

Cuando un método falla, como ocurrirá en algún momento, regresa a él al día siguiente, y de nuevo más tarde. Si es un buen método, funcionará y tarde o temprano se convertirá en un hábito. Si no funciona durante un mes, vuelve a evaluar. Siempre es más fácil seguir un sistema que has establecido a tener que luchar y reinventarlo.

Cuando dos sistemas chocan, como sucederá tarde o temprano, entonces debes realizar una evaluación. Digamos que tienes un límite en el que los sábados es un «día sin tecnología»; y otro límite, en el cual tienes que mantener tu teléfono encendido para tus hijos. Observa cuál tiene una mayor consecuencia. Lo peor que puede suceder con el primero es que al día siguiente estés un poco cansado por no haberte relajado ese día, pero en el caso del segundo, el peor escenario es que tu hijo en verdad te necesite y no estés ahí para ayudarlo. Elige el vital. Ya habrá tiempo para el otro, pero no en esta ocasión.

Vivir una vida editada requiere tiempo en el momento presente para hacer lo necesario. No gastes el día de hoy lidiando con el trabajo de ayer. Se libera mucha energía al establecer buenos límites con amor, confiar en ellos y defenderlos. Los límites protegen lo que más importa: la supervivencia de tu propia alma.

EJERCICIO DE EDICIÓN DE VIDA

1. Convierte lo invisible en visible. Observa en qué momentos de tu vida pierdes la cabeza o te enojas. ¿Podría ser esta ira una señal de que un límite invisible ha sido rebasado una o más de una vez? Durante una semana, identifica y haz una lista de estos puntos sensibles en tu vida y acéptalos como tus límites invisibles que protegen tus necesidades básicas. ¿Cómo se verían como límites visibles?

2. Escoge un «gurú del límite». Una manera eficaz de reconocer buenos límites es observar a las personas a tu alrededor que dejan en claro lo que necesitan, y en consecuencia, te liberan de la tarea de leer sus mentes. Si tienen que salir a una hora determinada, te lo dirán. Nunca tendrás que preocuparte de que esa persona haga algo en contra de su voluntad por culpa o cortesía, o que se arrepentirá más tarde. Elige un «gurú del límite» en tu vida, alguien que tenga excelentes límites y parezca emplearlos con facilidad. Y observa a esta persona en acción. ¿Cómo deja claros sus límites de una manera respetuosa con los demás? En este ejercicio, puedes encontrar ejemplos de gente que tiene límites positivos, digamos un jefe en el trabajo que es claro con las expectativas, pero que no las comunica de una manera que levante la moral. ¿Se podría lograr el mismo efecto de forma más suave y amable, sin dejar de ser tan preciso? ¿Cómo podrías hacer esto en tu propia vida?

3. Observa límites en el mundo exterior. Límites físicos como las vallas, las cuales evitan que tu automóvil se caiga por un precipicio en una carretera sinuosa; un perro que da un ladrido corto de advertencia y no agresivo; o un restaurante que cierra a una hora aceptable para que sus empleados puedan irse a casa. Observa cómo los límites protegen algo y adquiere el hábito de ver esto como algo positivo y respetuoso, y no en un sentido negativo o de dificultad.

4. Di no para decir sí. Este es uno de los mantras diarios de mi sabia amiga Cathy. Ella nota que a todo lo que dice que sí significa que a algo más le dice que no. Al reconocer que nuestra vida se compone de síes y noes, busca algunos de los noes que te pudieran conducir a síes más grandes y abundantes. Por ejemplo, decir no a quedarse despierto hasta tarde para ver la televisión, ¿a qué le dirías que sí al levantarte temprano por la mañana?

5. Di sí para decir no. El sabio opuesto. ¿Existe algo que puedas dejar ir tan solo con decir que sí? Al aceptar hoy una pequeña solicitud, por ejemplo, quedarte 15 minutos extra para solucionar un problema que ha surgido, o ayudar a un compañero con determinada tarea, o prestar toda tu atención a alguien ahora para que no intente captarla en otro momento en formas negativas y menos productivas. ¿Puedes eliminar obstáculos futuros? En *Orga-*

nízate con eficacia, David Allen tiene la «regla de los dos minutos» para lo que es más sensato hacer al instante. Funciona de maravilla.

6. Pregunta directamente por lo que necesitas. Escribe varias versiones de una pregunta a un miembro de la familia, colega, jefe, persona imaginaria viva o muerta, en la cual solicites algo vital para tu supervivencia emocional. Luego, dale forma para que sea más corta, clara y amable. ¿Puedes decirlo en un párrafo? ¿Qué tal en una sola frase? Escribe una segunda pregunta como respaldo en caso de que la primera falle. Alguna versión de: «Ya te pedí de manera directa tres veces que X. ¿Hay alguna otra forma en que me sugieras que lo intente?».

5

EDITA PARA CRECER

Respeta las temporadas

Un día mi hijo depuraba su cámara fotográfica porque estaba demasiado llena para tomar más fotos, así que me pidió ayuda. La primera foto era de una mosca muerta. «¿Guardar o eliminar?», le pregunté. «Guardar», dijo con certeza. Las siguientes 28 fotos eran tomas borrosas de la familia. Me indicó que borrara todas esas.

El emotivo recuerdo que me llevé de ser su asistente de fotografía es el hecho de que Scott nos ve todo el tiempo; por ello, para él es mágico un primer plano de una mosca muerta como un joven que se interesa por la naturaleza.

Yo hubiera editado de otra manera, pero es su cámara, su mosca, su vida, y debe editar como él es ahora y yo debo editar como soy en el presente.

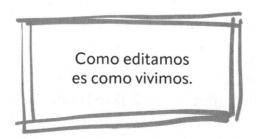

Como editamos
es como vivimos.

CRECER ES VALIENTE Y NECESARIO

Un poco de crecimiento fuera de la zona de confort es necesario para no atrofiarse mental y físicamente, sin importar la vida que lleves. Todos tenemos versiones de nosotros mismos que deseamos ampliar para ser más valientes, amables, inteligentes, tranquilos, sanos, sabios, creativos o divertidos. Es posible que nunca seamos estas personas en toda la extensión de nuestra imaginación, pero ampliarse a estas versiones expandidas de uno mismo puede suceder y sucederá con la práctica. Si quiero ser una persona más aventurera, necesito emprender más aventuras en mi vida. Si quiero leer mejor los mapas, debería estudiarlos más. Tan sencillo como eso.

¿Qué es eso valiente que puedes intentar hacer, lo que está fuera de tu zona de confort?

La valentía de una persona puede parecerte fácil o imposible. Ajústala a tu realidad y hacia donde quieres crecer. En palabras de Oscar Wilde: «Sé tú mismo. Todos los demás ya están ocupados». Es mejor seguir tu propia idea de valentía que la de otra persona. Hay ciertos límites estrictos para todos nosotros, cosas que podemos y no podemos hacer. Vale la pena preguntarse ¿cuál es el camino por seguir para hacer tu «tarea valiente» y qué desafíos (pequeños o grandes) sería necesario lograr?

Mi esposo y yo les decimos a nuestros hijos que hagan algo valiente una vez al día. Se puede ser arrojado de forma física como saltar al agua o salir a correr bajo la lluvia. A veces se es valiente de manera emocional como hablar en público o participar en una conversación difícil. También intento hacer esto yo misma. No soy valiente de forma natural, pero trato de esforzarme como hábito, lo más temprano posible, en el día. Me imagino que hay un club de coraje matutino de personas en todo el mundo que se despiertan para enfrentar sus miedos y comienzan el día sintiéndose más valientes por ello, y trato de unirme a él lo más seguido posible.

La valentía emocional me resulta más fácil que la física. Si hago el ridículo, ¿qué importa? Pero la valentía física tiene un riesgo de lesión con el que no me siento tan cómoda. Así que la mayoría de mis actos más valientes se encuentra en aspectos emocionales, como contar una historia en el escenario o mostrar mi vulnerabilidad, mientras que la valentía de mi esposo tiende a ser física (grandes distancias a nado, aventuras en kayaks o hazañas atléticas en general).

Todos somos sabios al tratar de hacer cosas valientes en ambos ámbitos, en la medida de nuestras habilidades y nuestros sentimientos sobre el riesgo y el crecimiento.

¿Cómo saber en qué dirección crecer? Pon atención a tu gran meta y observa tus sentimientos al respecto. ¿Cuáles de estos te han impulsado en la vida hasta ahora: anhelo de seguridad, éxito, amor? Tales preguntas ayudarán a determinar tu respuesta.

Además, hay etapas de crecimiento, así como de descanso y reposición. Debemos cuidar estas últimas como un jardín. No es necesario forzarnos a crecer demasiado pronto. El valor es admirable, pero no cuando es forzado.

En Idaho, lugar en el que vivo, a todo el mundo parece gustarle acampar, andar en bicicleta de montaña y cualquier cantidad de placeres al aire libre. Yo llegué ahí a los 30 años, una chica más de interiores a la que le gusta leer y escribir e ir a ver obras de teatro; sin embargo, quería unirme a las multitudes que acampan. Mi esposo y mi querida amiga Emerald, ambos viajeros con experiencia, me hicieron un plan de crecimiento: manejar cinco horas para encontrarme con Emerald y dormir en el bosque durante dos días. ¡Fue tan valiente! ¡Tenía tanto miedo! Incluso conducir estaba fuera de mi zona de confort, ya que en gran parte del camino no tendría señal. Durante el viaje me di cuenta de que no tenía un mapa y no recordaba cómo cambiar una llanta, lo que me hizo sentir vulnerable y, a decir verdad, estúpida. Pero compré un mapa y me recordé a mí misma que siempre he podido contar con la amabilidad de otras personas. También que había cambiado una llanta antes y que estas además eran nuevas. En cuanto a las noches en el bosque, aunque no es algo que volvería a hacer de inmediato, me hicieron sentir renovada, más valiente y dispuesta a hacerlo de nuevo.

La valentía trae consigo una paradoja: es necesario desafiarnos a nosotros mismos en simples y destacados aspectos; además, a veces un desafío puede ir demasiado lejos. La cuestión está en encontrar el equilibrio. Un buen maestro, ya sea un instructor de natación o un tutor de piano, puede ayudarnos a expandir con sensatez lo que podemos hacer. Cuando hago algo valiente, siempre me siento exhausta después y un tanto más grande.

EL ESPÍRITU DE LA COSA

Hay temporadas para todo y debemos crecer en ellas. No eres la misma persona que eras a principios del año pasado. Tus hijos no son los mismos niños. Tu madre es una persona diferente. En formas sutiles, tu pareja es alguien distinta. El libro que escribo hoy no podría haberlo escrito el año pasado o dentro de un año. De tal manera, ¿qué es lo que sigue? ¿Qué dura año tras año en tu vida (la semilla fuerte dentro del agua agitada)?

Cuando editamos por etapas, debemos buscar el espíritu de lo que trasciende. A veces se pierde. Si eres médico y deseas cambiar a una nueva faceta en la práctica de la medicina, es útil considerar qué áreas te dan más energía: ¿la investigación? ¿Ver a los pacientes? ¿Aprender de colegas que admiras? ¿Estar en la oficina y confiar en tu experiencia? Por el contrario, ¿qué aspecto te agota? Pasa al siguiente ciclo con la vista puesta en preservar el ámbito que alimenta tu alma. Puedes construir a su alrededor. Como escritora, tuve que hacerme esta pregunta al determinar qué tipo de proyectos emprendería: ¿sería periodismo? ¿Publicidad? ¿Resúmenes legales? Todos estos los consideré. No obstante, lo que en última instancia hace que la escritura cobre vida para mí es la capacidad mágica de las palabras para transmitir sentimientos y conectar a las personas, eso y las capas de significado y sabiduría que puede contener una oración. Por lo tanto, escribiría con la intención de sanar, enseñar y conectar. Esto me llevaría hacia la poesía, la escritura creativa, la filosofía y la enseñanza, lo que para mí sería lo más significativo.

¿Cuáles son tus asuntos más relevantes?

Cualesquiera que sean las elecciones que hagas para el trabajo y el amor, pregúntate con frecuencia si estas son dignas de tu corazón, tu cerebro y tus manos. Esta simple pregunta te llevará a través de todas las etapas. ¿Tus días te exigen al máximo? Debemos esforzarnos para que así sea. Como una casa donde no hay espacio desperdiciado, una vida editada no tiene rincones sin excavar y tiene muy poca energía desaprovechada. Cada pieza implica varios propósitos y nada se queda sin emplearse de acuerdo con el momento.

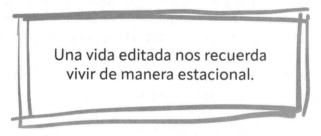

Una vida editada nos recuerda
vivir de manera estacional.

En una casa editada es necesario tener roperos de temporada, los cuales cambian para cada ocasión del año. Me gusta esto. Me gusta guardar nuestras chanclas, nuestros amplios sombreros para el sol y nuestros *scooters* al final del verano, sabiendo que los sacaré nuevamente del garaje cuando haga calor. No hay espacio en el tejado para todos los objetos necesarios de todas las vidas que podamos vivir, sino solo para los objetos y las ambiciones de esta vida, ahora mismo.

Vivir de acuerdo con cada etapa significa que podemos despedirnos de ciertas cosas mientras damos la bienvenida a otras. Da un giro predecible, siguiendo el ciclo de la tierra. El tejado se ocupa en invierno, lleno con nuestras chamarras acolchadas, bolsas de agua caliente y mi lámpara solar; luego, se aligera en abril cuando lavamos nuestros pesados suéteres, gorros, guantes, las pequeñas bufandas de lana de los niños y nuestros gruesos abrigos, y los ponemos en el contenedor, sabiendo que hay días de verano por delante. En abril también guardamos la máquina de conos de nieve en el contenedor de «aparatos excedentes».

Incluso si *tenemos* espacio para cada estación en nuestra casa y en nuestro horario, cuando pensamos de manera más amplia sobre tales periodos esto nos beneficia de forma importante. Así pues, un solo día tiene sus propias secciones o estaciones, aunque dure escasas horas. Por ejemplo, mi día transcurre escribiendo por las mañanas como si fuera primavera; el verano del día lo paso disfrutando con mis hijos, mi esposo y mis amigos; las horas de la tarde pasan con un sentimiento otoñal de enseñanza e intercambio de sabiduría con mis alumnos; y el silencioso invierno llega con las horas de sueño. Estas temporadas son predecibles. Puedo cumplir con cada estación poniendo todo mi empeño, siempre y cuando no trate de hacer el trabajo de una estación en otra. Si me aseguro de concentrarme en cada una de las diferentes etapas, no tengo que preocuparme por las que vendrán ni por las que ya pasaron.

LAS ETAPAS Y PRESTAR ATENCIÓN

Toda nuestra vida se puede dividir en etapas. Si tenemos suerte, nuestra infancia estará llena de aprendizaje y juego; nuestra adolescencia es un tiempo para considerar futuros posibles y enfocar nuestros intereses; al estar en los veintitantos nos acercamos a aquellos futuros que más nos interesan, lo que en ocasiones se siente como probar suerte al lanzar dardos a diferentes objetivos para ver dónde caen. Mis treintas fueron para tener bebés y producir libros, y aquí estoy después de los cuarenta, reflexionando acerca de todo.

La sabiduría es tener certezas profundas sobre uno mismo mientras se es flexible hacia lo exterior. De ese modo, ser sabio significa estar dispuesto a cambiar nuestra postura, una y otra vez, en respuesta al mundo externo. Por eso, las grandes sabidurías siempre se sienten filtradas y pequeñas como semillas. Deben ser así para sobrevivir, deben ser fuertes durante las temporadas de enfermedad y salud, juventud y vejez, trabajo y ocio, confianza y crisis. Y echar raíces en cualquier suelo en el que nos encontremos en el viaje de nuestra vida.

Además, me pongo a pensar en las siguientes etapas, cuando mis hijos ocupen mi lugar. ¿Habré editado mi vida para no dejarles un problema? Ciertas culturas honran un ritual llamado «limpieza para la muerte», cuyo nombre me da escalofríos incluso mientras lo escribo, pero reconozco esta necesidad. Al despojarnos de lo que no necesitamos para esta etapa, nos honramos a nosotros mismos en el futuro y a los demás que tendrán que limpiar después de nosotros; hacemos la edición ahora, mientras estamos en forma en cuerpo y mente. No exigimos el tiempo de otras personas para administrar algo que es nuestra responsabilidad. Al modelar este acto para nuestros hijos, esperamos que encuentren con relativa confianza la forma de sus propias vidas, sus propias sabidurías y semillas destiladas. Tales semillas durarán; se volverán a sembrar, añadirán al verde a las temporadas que vienen después de que nos hayamos ido. De esta manera, el simple acto de editar como hábito se convierte en un regalo por adelantado, un salvavidas y un suceso de gran respeto.

A veces se necesita tiempo para empezar la siguiente etapa. No existe tal cosa como una rutina de verano; en mi experiencia, solo hay un caos feliz. La rutina existe cuando empieza la escuela, tanto la mía como la de los niños. En otoño, después de dos meses de vivir fuera de casa, volvemos a la rutina laboral y escolar. La arena que arrojamos alegres durante todo el verano comienza a caer a través del agua y a asentarse. Limpiamos la casa, cambiamos nuestra ropa de verano por ropa de otoño, compramos calcetines y ropa interior nueva para los niños, al igual que té. A esto de comprar cosas lo llamamos reemplazar, porque en una casa como la nuestra no podemos acumular. No obstante, en la medida en que me adapto a mi propio ritmo de trabajo (los nuevos alumnos o los libros de este año), me encuentro a mí misma a la deriva en pensamientos sobre ser ama de casa. Luego, perdono estos juicios porque después de todo es otoño. Me digo a mí misma: «Escribe. Trabaja en el libro lo necesario». Logro hacerlo durante una hora, luego paso dos horas en línea comprando una gran cantidad de té. ¡Ay, la ironía! Se supone que debo escribir sobre minimalismo. Conforme los días se acorten, profundizaré y me asentaré también. Aterrizaré y me enfocaré de nuevo. Encontraré mil palabras para escribir, y luego tomaré un descanso a media mañana, haré sopa y pasearé temprano con el perro.

Existen tanto las temporadas de lugar como las de tiempo. Y en ambas, a veces hay que tomar distancia por diversión, y otras veces para salvar nuestra vida. El cambio de temporada puede ser alegre o terrible, según el contexto. Pero si vivimos una vida bien editada, es posible afrontar cada una de ellas lo mejor que podamos.

Hoy es una mañana lluviosa. Mi hijo despertó temprano y se encuentra acurrucado debajo de nuestra única cobija a la cual le dice «peludita». Así, mientras veo la lluvia y pienso en las estaciones en las que el clima nos exige que permanezcamos en el interior, advierto cuán rápido se desprende la etapa de la infancia, como cualquier piel delicada. Asimismo, cuanto más pienso en las estaciones, más reflexiono sobre la regularidad con la que todos debemos mudarnos.

Existen las estaciones y estas transcurren rápido. Debemos editar de modo constante aquello que nos impide concentrarnos.

PÉRDIDA VOLUNTARIA: TEMPORADA, MOTIVO O VIDA

Las temporadas nos entrenan cuatro veces al año para seguir adelante, según el lugar donde vivamos. Nos preparan para dos tipos de pérdida: voluntaria e involuntaria.

Cuando viví en California hace casi dos décadas, una de mis amigas de una bella y corta etapa me dijo: «Hay amigos para una temporada, para un motivo y para toda la vida». Fue una querida amiga durante una etapa, luego nuestras vidas tomaron diferentes caminos. El recuerdo de nuestra amistad es que se mudó conmigo a Austin, donde ahora tiene la mejor vida que pueda imaginar. Mi recuerdo, entre otros, es esta semilla de su sabiduría, de la aceptación de que, aunque algo no sea para siempre, puede ser de gran valor, algo que impacte nuestras vidas para bien.

Mantengo a mis amigos por mucho tiempo. Me gustaría estar con mi esposo para siempre. Me siento cercana a mi familia. Es muy probable que las personas con las que estoy actualmente son con las que estaré el día de mañana, así que mi trabajo es cuidarlas y alimentarlas; también disfrutarlas, darles mi atención, y tener tiempo y espacio suficientes para estar con todas en diferentes etapas, dando paso a la posibilidad de que sea de por vida, o no. Quiero prestarles atención ahora, tal como son en este momento. Vale la pena que todos consideremos nuestras relaciones en este contexto: ¿Dónde encajan las tuyas? ¿Estás contento con eso?

En el tejado tenemos temporadas de perros y de no perros. Como nos gusta viajar en invierno y verano, nos quedamos con la perra en otoño y primavera, que es cuando tenemos un horario normal debido al calendario escolar de los niños. En las temporadas de viaje, Posy, la labrador, va con su otra familia, la cual se siente encantada de verla.

Este es el último día de esta etapa con nuestra perra y la voy a extrañar. Estoy lista para que ella se vaya. Ser adulto significa tener dos ideas contradictorias en la cabeza al mismo tiempo y creer que ambas son ciertas. Los niños están orgullosos de ella. Su otra familia la entrena para ser un perro de terapia, un trabajo para el que parece haber nacido. Por lo tanto, pasará más tiempo ahí este año que con nosotros. Hoy falté a la biblioteca para estar en casa con ella y disfrutar de este último día de la temporada. Afuera, los árboles están perfectamente quietos. Observo con atención y no puedo ver el viento. Las nubes también se ven quietas. Si no fuera por una ardilla que en ocasiones corre a lo largo de la cerca de madera, me podrían engañar haciéndome creer que toda la escena fuera de mi ventana es una pintura.

Lo que aprendimos en el tejado es que la temporada, el motivo y la vida son todos válidos y pueden dejar una huella igualmente valiosa en una vida.

SÉ AMABLE CON TU COMITÉ DE YOES

Es tentador mirar hacia atrás a nuestras etapas anteriores y resoplar ante las deficiencias. ¡Cuánto no sabía! ¡Mira con quién estaba saliendo! Qué pena todo lo vergonzoso.

Mis amigos mayores a cada rato me recuerdan que todos esos yoes todavía están dentro de nosotros: el tímido y estudioso niño de nueve años, la chica fiestera de 19, el de 36 recién salido del cascarón, la de 51 que reevaluó todo, el de 71 que por fin aprendió a tocar la mandolina, y más si tenemos suerte. En resumen, todos albergamos un verdadero conjunto de yoes, pasado, presente y futuro. No creas que tu vida es superior con tu conocimiento de hoy. Con un poco de suerte, eres más feliz y te aceptas más a ti mismo; sin embargo, no puedes negar la enseñanza de las etapas anteriores.

En ocasiones caía en el mal hábito de olvidar esto cuando nos mudamos al tejado por primera vez. Solía decir: «¡Estoy tan contenta de que ya no estemos en la casa grande!». Y veía las caras de tristeza de mis hijos. Les encantaba la casa grande, por mucho que estuvieran dispuestos a acompañarme en esta aventura del minimalismo. Fue donde transcurrió su infancia. Todos experimentamos verdadera felicidad ahí, aunque nos hayamos mudado a otro lugar después de eso, en busca de más y de una felicidad distinta.

Habla con respeto de tu yo anterior y recuerda los detalles con amor. Mi profesora de escritura solía decir «ella», cuando se refería a su yo mucho más joven. Al principio me resultó extraño, pero luego vi su lógica. Podía hablar de esa joven con asombro, respeto y humor. Ahora era una anciana de 90 años que no se parecía en nada a la chica que escribió sus primeros libros. No tires todo por la borda. Recuerda tanto como puedas, con todo lo bello que eso implica.

Hay algo vivo en cada época. Identifícalo y da forma a su alrededor. Cada época tiene algo especial que vale la pena recordar y preservar, así que búscalo en cada una, en particular en esta etapa. En un hermoso ensayo sobre cómo llevar un cuaderno, Joan Didion escribió que aquello le ayuda a mantenerse en contacto con su yo anterior. Este tipo de orden contribuye al sentimiento vital de respeto por uno mismo (¡el tema de otro excelente ensayo de Didion!). En mi léxico de valores, creo que todo esto se relaciona con la correspondencia entre interior y exterior: nuestra vida exterior refleja lo que somos internamente.

La vida se divide en tres yoes debido a la mitología y psicología. El yo joven (en crecimiento), que se define por ser el hijo o la hija; el yo (adulto) de mediana edad, que puede ser madre, padre, creador, empresario, trabajador o líder comunitario; y el yo anciano, que tiene una sabia perspectiva de la vida mientras enfrenta su muerte. Vale la pena considerar y anticipar estos ciclos con amor y aceptación en nosotros mismos y en los demás.

LA EMOCIÓN DE LA VARIEDAD

Las limitaciones o condiciones de una época darán paso a los hechos de la siguiente. Es como un juego de Ricitos de Oro: demasiado pequeño, demasiado grande, simplemente correcto. Pero el «simplemente correcto» no dura para siempre. El «demasiado grande» nos enseña acerca de un asunto y el «demasiado pequeño» sobre otro hecho. El trabajar duro en primavera pareciera que debe ser seguido por veranos aburridos y monótonos. Vivir los opuestos nos enseña y nos equilibra. Aprender a vivir una vida plena nunca es una pérdida de tiempo. Cuenta para la persona en la que nos estamos convirtiendo.

Cada época tiene el potencial de ofrecer algo nuevo, formativo y bueno. Una vez, tuve un profesor que dijo: «No puedes controlar cuánto durará tu vida, pero puedes llenarla con tantas experiencias e historias como sea posible para que sea buena y abundante». O como dijo el icono de la era del jazz en la década de 1920, Zelda Fitzgerald: «La única emoción que no se puede replicar es la emoción de la variedad».

Es una sensación especial tener hábitos y poder cambiarlos tanto a ellos como a nuestras vidas. Es posible llevar a cabo estos cambios cuando pensamos en la vida por etapas y cuando contamos con la habilidad de ampliar nuestra mente. Ya que a eso corresponden la mayoría de las vidas, es decir, a una serie repetida de acciones, las cuales miras hacia atrás y recuerdas con cariño, como leer, correr, criar a los hijos, cocinar, escribir, barrer, pescar o discutir en la corte.

Hubo un tiempo en que quería hacer dos actividades: reunirme más con una amiga y practicar más yoga. Durante una hermosa temporada de invierno, mi amiga y yo decidimos vernos los miércoles en su hora de almuerzo para tomar clases de yoga en línea, ¡seguidas por un burrito gigante para las dos! Luego terminó ese periodo, pero nos unió y fue divertido. Temporada, motivo, vida. A veces, un amigo para toda la vida se mantiene gracias a la inversión de una etapa. Una vez, durante una temporada de dos años, le estuve llevando sopa cada semana a una vecina. A ella le resultaba difícil encontrar tiempo para cocinar, y yo me daba cuenta de que en mi casa se desperdiciaba sopa que mi familia estaba harta de comer.

Mi proyecto Poesía para Extraños fue una racha que trajo variedad a mis días como mamá primeriza. En ese entonces, quería mejorar en la escritura de poemas, así como aventurarme más fuera de casa con mis hijos. Esta racha de siete años combinó estos dos deseos de la manera más hermosa. Una vez a la semana, mis hijos y yo conocíamos a alguien interesante, luego le pedía una palabra para usar en un poema, al igual que su correo electrónico para compartírselo. Durante esta temporada hice algunos amigos poetas, publiqué algunos poemas, aprendí a confiar en mi disciplina de escritura y mostré a mis hijos que si ofreces bondad a los extraños, es muy probable que ellos te la devuelvan. Salí de aquel ciclo como una verdadera poeta. ¡Tantos valiosos recuerdos emocionales! Cuando llegó la pandemia y ya no era fácil conocer personas en el transcurso del día, dejé que esta racha llegara a su fin. Me había encantado, pero la temporada cambió y sentí en mi corazón que había sido suficiente.

BOTONES DE REINICIO Y ACTIVIDADES POR ETAPAS

Otro beneficio de vivir conforme a las estaciones o temporadas es que existen botones de reinicio que ocurren de forma natural, momentos en los que es necesario detenernos mientras vamos avanzando. Es reconfortante tener un reinicio diario, semanal, mensual y anual. Así que trabajamos hasta llegar al botón de reinicio, confiando en que conseguiremos el descanso.

En un día, eso es la noche. En una semana, ese es el fin de semana. En la sociedad medieval, por mucho que trabajaran los siervos, había más de cien «días santos» o días festivos.

Me gusta tener una semana para reiniciar cada temporada, repensar proyectos, reorganizar mis contenedores de verano a otoño o de otoño a invierno (tanto metafóricos como físicos). También tengo un botón de reinicio anual cada verano, cuando me siento más ligera y estoy libre y lista para reconstruir la vida de nuevo en el otoño de cualquier manera que elija. Tiendo a construirlo casi de la misma manera: el mismo horario, las mismas clases o parecidas y los mismos amigos vistos sobre el mismo contexto. Pero tengo un tiempo de reinicio para asegurarme de asumir estos compromisos de forma deliberada. Si estoy en un grupo de escritura que se reúne cada mes, mi última reunión será en mayo. Si durante junio, julio, agosto, no asisto, entonces puedo reincorporarme en septiembre. Cada otoño, los niños vuelven a elegir sus actividades, el deporte y el arte que practicarán ese año escolar, o nosotros elegimos nuevas por ellos.

Para participar en alguna actividad, necesitamos saber que va a continuar a largo plazo (parte de nuestra energía dedicada a esto vivirá, crecerá y tendrá relevancia), así como lo que va a terminar a corto plazo (porque no nos vamos a esforzar de manera innecesaria) como cuando platicas con un amigo, por ejemplo. Piensa en lo bien que se siente expresarte, y luego escuchar a tu interlocutor durante una hora o más. Pero en algún momento, la intensidad debe equilibrarse con la ligereza. El yang necesita del yin. Las palabras necesitan espacio en los márgenes. El ruido necesita silencio. La conversación termina y ambas personas esperan continuarla más adelante. Con la mayoría de los asuntos, necesitamos saber cuándo terminan. Pero una sesión de escritura u otro trabajo relevante, ¿cuándo acaba? Puedo escribir mucho hasta el desayuno, pero luego necesito descansar. Para los padres trabajadores y responsables, ¿cuándo tienen una hora para estar solos y en paz? ¿Cuándo es la hora de acostarse? Estos botones de reinicio son de vital importancia. Me gusta tener unos cuantos a lo largo del día.

Las actividades por etapas pueden presentar botones de reinicio en cada una de ellas. Cada nueva actividad marca el final de la tarea anterior y trae una nueva forma de energía. Advierto que las etapas brindan su propia forma de descanso y, de esta manera, mientras equilibro mis días, rara vez me agoto. No puedo escribir de manera indefinida, porque pronto llegará el momento de ser mamá; no puedo ser mamá de manera indefinida, porque pronto llegará el momento de enseñar; no puedo enseñar de manera indefinida, porque pronto se hará de noche y debo acostarme lo más temprano posible para despertarme y escribir. De tal modo, vivir tres vidas en una, me da más energía que trabajar duro en una sola. Me apoyo por completo en cada una hasta que es hora de reiniciar.

En tu vida, ¿puedes ver estas diferentes etapas que ofrecen alivio y se equilibran entre sí? Fíjate dónde una abona el suelo que la otra dejó agotado. Observa dónde una te hace querer la siguiente. Ve cómo se construyen juntas. Todo se reduce a esto. Somos capaces de vivir muchas vidas durante nuestro tiempo en la tierra, pero no podemos vivirlas todas a la vez.

Tener un tiempo de reinicio asegura que todo se coseche y vuelva a sembrarse en un momento predecible cada año, cada mes, cada semana y cada día. Evita que la vida pierda la forma y se convierta en hábito al paso de los años.

EVOLUCIONAR O PERECER

Mi amiga de 90 años le llama, «evolucionar o perecer» a este imperativo de editar con las temporadas y hacer que uno sea realmente práctico entre ellas. Con el transcurso del tiempo, ella se ha visto obligada a editar bastante. Ha vivido en muchas casas, ha llamado *hogar* a diferentes ciudades, ha sufrido múltiples pérdidas, pero aún puede sonreírles a las circunstancias.

Todos los animales saben acerca de «evolucionar o perecer». Un cangrejo ermitaño debe cambiar de caparazón o morir. He tenido cangrejos ermitaños como mascotas. Se asustan y contraen en sus caparazones cuando los tocas, pero luego adquieren confianza y caminan sobre tu mano. Si los mojas, levantan sus pequeños y duros cuerpos fuera de su caparazón lo más que pueden mientras se sujetan con la cola. Si colocas caparazones un poco más grandes en su pecera, se mudarán a ellos durante la noche. Hay tantas maneras de vivir. Tantas formas de alinear nuestro caparazón con nuestras suaves entrañas. Puedes conservar la tierra y extenderte en su superficie. Puedes mudarte a un departamento en un área urbana y guardar tus zapatos en el horno. Puedes vivir en una casa lejos de la ciudad e ir allá como paseo y también puedes despertarte, caminar en la ciudad y saludar a las personas que encuentras a tu paso.

Al final, nos convertimos en cenizas. Entonces, ¿qué hay de la vida que llevamos? Una vida ordinaria, una buena vida, se va esfumando como un barco en el horizonte, recordada por cada generación con menos méritos, hasta que por fin desaparece. Ciertas vidas extraordinarias se recuerdan de una forma muy singular, pero en general es por el modo en que impactamos a los demás o por el gran amor o trabajo que dejamos como enseñanza. No por las cosas. Así que ¿para qué sirve? Antes de aprender a editar bien, me acuerdo de que salí de la universidad con una carga tan enorme y pesada que casi no cabía en las maletas. «¿Quién es dueño de quién?», preguntó mi amiga italiana. «Creo que le perteneces más a tus cosas que al revés. ¿Por qué cargas con todo esto?».

Cuando me siento estancada, significa que he superado mi caparazón actual. Siento que la parte superior de mi cuerpo se tuerce cuando mi vida externa y mi yo interno no coinciden. Este sentimiento me guía cuando lo escucho. A veces me toma mucho tiempo escuchar. Se inculcaron en mí generaciones de disciplina y trabajo duro. De modo que trato de superar la incomodidad sin detenerme a preguntar: ¿soy yo el problema? ¿O lo es mi caparazón actual? A veces yo soy el problema, y otras, es el caparazón. Es un juego de atención constante.

LAS TEMPORADAS NOS PERMITEN EXPANDIR Y CONTRAER

Hay ciclos de retiro y simplicidad, temporadas de abundancia. Estamos familiarizados con muchos de los sabios recuerdos producidos de estas temporadas de retiro: Henry David Thoreau construyó una pequeña cabaña para sí mismo en Walden Pond, donde vivió dos años solo. Diógenes se mudó a un barril en el ágora (mercado), donde podía estar en el mundo de la antigua Atenas, pero no ser *parte de él*. Karl Jung mantenía sus consultas de psicología en la animada Viena, pero cada fin de semana se retiraba a su casa de campo iluminada por gas en el bosque. Anne Morrow Lindbergh pasaba dos semanas sola durante los veranos en una pequeña casa de playa, donde enrollaba las alfombras para no distraerse con las tareas del hogar y pasaba las noches tumbada en la arena, contemplando el gran «cuenco de estrellas»; así escribió *Regalo del mar*.

Cada uno de estos retiros llegó a su fin. Como sucede con todos incluso en la vida de los vagabundos comunes, hay momentos de aterrizaje, oportunidades de vínculo con algo que significa «hogar», aunque no se parezca a tu hogar o al mío; sin embargo, cada uno es una temporada de purificación. A menudo se requiere algún tipo de retiro de la vida complicada, ordinaria y desordenada, como ha sido el tejado. En nuestro caso, nos ha servido para que podamos volver a entrar en la vida con más energía, sabiduría y *vida* para ofrecer.

Al mudarnos al tejado, decidimos, por una temporada indefinida, filtrar lo que esperábamos que se sintiera como formas más puras de trabajo, amor y juego. Nos retiramos del modo de gestión, de la preocupación, de las tareas domésticas (en especial de las máquinas: el lavavajillas y la lavadora), de la búsqueda de objetos perdidos, de la solicitud constante y de aceptar trabajos ocasionales solo por el dinero. Aquello no es agradable ni productivo. Así que nos deshicimos de eso. En cambio, viviríamos bien. Lo intentaríamos durante una temporada.

Al mudarnos al tejado, la intención era reconciliar algunos opuestos que parecían imposibles. ¿Cómo vivir con sencillez, no solo en retiros y periodos breves fuera, sino como regla general, sin dejar de vivir dentro de la comunidad y ser útiles? ¿Cómo ser un buscador incansable mientras mantienes un hogar? ¿Cómo vivir una vida intensa, fascinante y digna de una historia, sin dejar de ir a trabajar todos los días? ¿Cómo liberarme de las ataduras del reloj e, incluso así, llevar a mis hijos a la escuela?

Todo puede ser posible cuando mantenemos un equilibrio entre las temporadas de constante actividad social y los momentos de purificación. Expandir y contraer. Etapa en la que participamos y etapa en la que nos damos el año sabático.

Incluso Thoreau, que rehuyó la civilización durante dos años mientras vivía en Walden Pond, volvió a vivir como un «viajero en la vida civilizada» para escribir y dar conferencias sobre lo que aprendió. No se quedó aislado para siempre. El mundo se construye y se desbarata, y esperamos que en algún momento se mejore por aquellos que participan en él. Por los que respetan sus propios tiempos.

En la actualidad, mucha gente dice que, a pesar del miedo y la crisis económica, la pandemia los acercó a sus valores fundamentales. Pasaron más tiempo con sus seres queridos a través de Zoom, hicieron el trabajo que les correspondía y dejaron que todo lo demás siguiera su curso. También realizaron más ejercicio y persiguieron sus aficiones. Los escritores y los creadores trabajaron con ahínco, excavaron profundamente en su hogar y jardín. La gente se siente afortunada de tener lo que tiene, ha sobrevivido sin los objetos de los que alguna vez dependió.

Esto es lo que sucede cuando la temporada cambia. Primero sentimos resistencia, pero luego gratitud y tranquilidad, más serenidad de la que recordamos haber sentido antes. Es una renovación del voto que hemos hecho a nuestra vida. ¡Un caparazón nuevo! Como cualquier caparazón, cumplirá con un ciclo. Duele mucho pensar en mudarnos de un caparazón que amamos, pero es una de las ironías de la vida que cuando nos sentimos más cómodos es cuando se acerca el momento de cambiar.

Al respetar cada etapa y reconocer que llegará a su fin, nos mantenemos por completo atentos a nuestras vidas.

EJERCICIO DE EDICIÓN DE VIDA

1. Crea rutinas de temporada: una entra y otra sale.
¿Cuáles son tus rutinas actuales, tanto significativas como simples? ¿Hay rutinas de temporada que te gustaría hacer? Intenta implementar una nueva cada cierto tiempo y elimina una vieja que ya no te sirva. Una entra y otra sale.

2. Plantéate algo desafiante. Que sea algo sobresaliente. ¿En qué dirección crees que es necesario desarrollarte para sentir que vives tu mejor vida? ¿Qué hecho significativo está fuera de tu zona de confort, algo desafiante que puedes intentar hacer una vez, quizás con la compañía de un guía o un amigo de confianza? Conviértelo en una meta y propón algo sencillo y retador. Si deseas ser más extrovertido, tal vez puedas saludar a un extraño al día. Si tu intención es sentirte más cercano a la familia, ¿es posible que programes un día al mes para llamar y saludar a algunos familiares? Si tienes miedo de nadar, ¿qué te parece inscribirte a clases de natación?

3. Escribe tus principios. Una de las acciones más valiosas que he llevado a cabo es escribir mis principios. Los mantengo enmarcados en mi escritorio, incluso una década después de escribirlos. Detallan quién soy como escritora, cuáles son mis prioridades y quién me gustaría ser. Escribe tus principios personales para esta etapa de tu vida, tal vez los de un año o una década. Deja que sea una especie de guía para vivir a la que puedes regresar y editar a lo largo del tiempo, que describa la esencia de quién eres y quién deseas ser en este ciclo.

4. Establece un día de cambio de temporada. Anota en tu calendario un día de «cambio de temporada» tres o cuatro veces al año. Un día o una semana en el que cambies de ropa e intercambies objetos. Por ejemplo: en el otoño, puedes cambiar la máquina para hacer helados por la olla de cocción lenta, alistar la ropa adecuada, cambiar las sábanas delgadas por unas de franela, limpiar tu escritorio y evaluar rutinas. Incluso si vives en un lugar sin estaciones naturales, ese día es útil no solo para guardar los objetos de temporada, sino también para ajustar ciertas dinámicas, como las horas para despertarse y dormir, las expectativas para uno mismo y los demás, los hábitos diarios y las comodidades.

5. Encuentra el valor en la temporada, el motivo o la vida. Elimina la culpa por un objeto o rutina que fue de vital importancia para ti en otro momento, pero que ahora ya no lo necesitas. Puedes agradecer por ello en silencio o recordarlo con cariño. Asimismo, considera la amistad en estas tres categorías. Siempre es tentador prometer «¡Nos pondremos al día la próxima vez!», pero ¿es lo que quieres en realidad? Debes saber que eres libre de decir «Adiós, ¡gracias por esta tarde juntos!», sin hacer promesas para una próxima vez ni agendar una nueva cita. ¿Ese juicio se siente extraño o liberador? ¿Ambos? Pruébalo y observa cuáles son tus sensaciones. Este ejercicio nos recuerda que cualquier promesa que hacemos es una elección, y que no tenemos que comprometernos con nada ni con nadie a menos que lo digamos en serio.

6. Marca un hábito. ¿Existe algún hábito que te gustaría implementar durante una temporada? Me gusta que mis hábitos tengan dos aspectos que disfruto y quiero hacer más, por ejemplo: tener conversaciones interesantes con extraños + escribir poemas = poesía para extraños. Tu rutina podría ser una serie de cenas, una racha de ir al zoológico todos los domingos por la mañana con tu hijo que se despierta temprano, jugar a las cartas los viernes por la noche con tus padres, correr, escribir o bailar tap. Deja que la racha termine de forma natural. La belleza de realizar algo es que no sientes la necesidad de hacerlo para siempre, pero conservarás el recuerdo de haberlo disfrutado de manera intensa durante un tiempo.

7. Identifica el recuerdo emotivo. Busca la belleza en una etapa difícil en tu vida. ¿Cuál fue el recuerdo emotivo? ¿Qué recuerdas con cariño? Intenta hacer esto una y otra vez para que encuentres algo, por simple que sea, para recordar con gratitud cada temporada. Ahora observa esta etapa: ¿qué vale la pena preservar/guardar en tu propia vida hoy? ¿Cómo puedes destacarlo y organizar tus días en torno a ello para que puedas darte un respiro?

8. Encuentra los botones de reinicio. ¿Hay puntos naturales en los ciclos de tu trabajo, amor y juego en los que puedes tomarte un momento y reiniciar? Trata de encontrar uno cada: día, semana, mes, temporada y año. Haz una lista de preguntas para reflexionar que podrías hacerte en cada periodo, tan sencillas como «¿Qué amo? ¿Qué ocupa mi tiempo?». Anota estas fechas de reinicio en tu calendario o en algún lugar de fácil acceso.

6

EDITA POR GENEROSIDAD

Añade al verde

Cuando eliminamos el gasto de energía, de tiempo y de dinero, que no se ajusta con lo que amamos y con las necesidades básicas, vemos con mayor claridad lo que deseamos producir, qué acción positiva o útil podemos añadir al verde en el mundo. O, dicho de otra manera: somos más capaces de pedir poco y dar mucho, de presentarnos con más de lo que pretendemos tomar. Más alegría, más atención, más utilidad, más paciencia y más vino.

El verde es lo que dejamos crecer. El verde pueden ser los hijos, los nietos, el trabajo creativo, la comunidad o el apoyo de los demás. Añadimos al verde con nuestro trabajo, nuestro juego, nuestro amor, cuando creamos algo que mueve o ayuda a otros, cuando alimentamos a las personas, nos conectamos con ellas y cultivamos ideas que generan acciones. De manera invariable, aportamos al verde al cambiar la energía de «mío» a «nuestro». Si pensamos en dinero, trabajo, poder e ideas como herramientas para contribuir al verde, invertimos en el mundo que heredaremos.

Los niños son un buen ejemplo de esto, ya que añaden al verde en casi todo lo que intentan si se les da libertad de acción. Hacen arte, juegos, proyectos y actuaciones, y las ofrecen como regalos a los demás. Por lo regular, los que ya no somos niños estamos demasiado ocupados para detenernos y prestar atención. Pero cuando añadimos al verde, el reconocimiento puede ser lo único que buscamos a cambio, alguien que se dé cuenta y diga: «Veo que añadiste esto. Te lo agradezco. Gracias». Las personas no añadimos al verde para conseguir algo a cambio; más bien, hacemos nuestra pequeña contribución al mundo porque se siente bien, es gratificante y nos da una sensación de propósito.

Creo que añadimos al verde al involucrar todo nuestro ser, trabajo, amor y los juegos.

Un año antes de morir, mi querido amigo poeta Gary Cooke me dijo ante la pregunta de cuál pensaba que era el mejor uso de una vida: «Oh, no sé, Elisabeth. Creo que todo lo que podemos hacer es asimilar tanta belleza como podamos y tratar de añadir una poca en retribución».

He pensado con frecuencia en sus palabras a lo largo de los años. Creo que esta filosofía puede aportar un significado del triángulo de la vida entre lo que te da alegría y placer diario (tu juego), cómo pretendes impactar de forma positiva en el mundo (tu trabajo) y con quién estás conectado (tu amor).

Cuando era más joven, tenía temporadas donde el temor y una especie de depresión a corto plazo se apoderaban de mí. Me preguntaba: ¿para qué sirvo? ¿Qué estoy haciendo con mi vida? De manera instintiva, la solución era reavivar mi trabajo, el amor y el juego, así como encontrar una manera para que se añadieran al verde de otra persona. Ahora lo hago de forma preventiva, cada vez que me siento cansada o de mal humor. Llamo a alguien o envío un mensaje para saludar. Hago avances significativos del trabajo. Creo algo con mis manos y lo comparto. ¡Como algo rico! Y obvio, hago ejercicio. Un temor crece solo cuando sientes que no contribuyes al verde del mundo. Conocer estas consignas básicas puede ayudarnos a encontrar el camino de regreso e inclinar nuestro enfoque en nosotros mismos en un sentido más generoso para los demás, lo cual nos libera. Las siguientes prácticas de edición de vida también pueden ayudar.

UNA GRAN PREGUNTA DE VIDA

Cada uno de nosotros tiene un propósito para levantarse todos los días por alguna pregunta que nos mantiene en incertidumbre. En cierto modo, aquella es la pregunta del alma: tu *ikigai*. Advertí esa palabra en mis lecturas sobre personas centenarias que encuentran alegría y significado en sus vidas mucho después de los cien años. Es un término japonés que significa «razón de ser»: el punto exacto entre lo que amas, en lo que eres bueno y lo que el mundo necesita.

Me encanta escribir poemas, pero el mundo necesita inspiración y simplificación. ¿Cómo puedo usar lo que sé y amo de escribir poemas para inspirar a otros de manera que puedan simplificar? Es posible que pueda argumentar a partir de cualquier hecho: ¿cómo puedes usar esto para defender a quienes lo necesitan? Es probable que puedas construir algún objeto con madera. ¿Qué puedes construir y para quién? Es factible que tengas la capacidad de ver posibilidades en todo: una habitación, un atuendo, un día. ¿Qué es lo que ese enfoque puede iluminar a gran escala?

Por lo tanto, esta es la pregunta que tu vida trata de responder. Conoces la interrogante, incluso si es difícil de plantear. Una gran pregunta de vida funciona en dos niveles: en el individual y en el social. Nos hará sentir bien y servirá al mundo más allá de nosotros. Si nuestra pregunta solo funciona en un nivel, entonces será mejor replantearla.

Vincular nuestras vidas individuales al mundo exterior es una práctica constante en la atención y la esperanza. Me pregunto a mí mismo y a mis hijos todos los días: «¿Qué deseas añadir al verde?». Trato de vivir la respuesta a esta pregunta, y fracaso, y lo intento de nuevo. Pero sigo preguntando, porque esta interrogante me inspira a vivir bien.

Mis preguntas son ¿prepararé a mis hijos para que sean la mejor versión de sí mismos de adultos y añadan al verde? ¿Escribiré algo que beneficie al mundo? ¿Enseñaré de una manera que inspire a otros escritores a crear un trabajo brillante y duradero, y a apoyarse entre ellos? ¿Cuidaré bien de mi cuerpo para maximizar su salud en formas que puedo controlar? ¿Valoraré las necesidades de mis amigos para que nuestra amistad pueda durar años y así añadir al verde en nuestras vidas? ¿Encontraré formas de ser creativa, de jugar, de ser curiosa? ¿Disfrutaré esta hora, este día, para no mirar hacia atrás en mi vida y sentir pesar por no haberla vivido? Planteamos estas preguntas y hacemos nuestro mejor esfuerzo para responderlas con el modo en que vivimos nuestras vidas.

La versión de una amiga de esta pregunta que intenta hacerse por la noche es ¿me he conectado hoy conmigo misma, con mi trabajo y con mi gente? ¿Dónde podemos esparcir las buenas vibras en frecuencias que se mueven hacia el exterior, como la felicidad, el conocimiento o la aceptación? ¿Cómo podemos servir de modelos, aunque sea solo para unas pocas personas? Vale la pena preguntarnos qué verde podemos añadir, dadas nuestras habilidades, intereses, limitaciones y el estado de nuestro mundo actual. ¿Cómo puedo ser de utilidad?

> ¿Qué puedo ayudar a crecer?

Al establecer una gran pregunta en la vida, podemos buscarla para orientarnos, en particular en los días en que más la necesitamos. Si respondemos con nuestra vida a una gran pregunta, invariablemente creará una gran historia.

ACEPTA TU(S) SUPERPODER(ES)

En una ocasión, cuando tenía treinta y tantos, me invitaron a unirme a un club de lectura académico bastante erudito. Después de darle vueltas al asunto durante una semana, le pregunté a la persona que me llamó «¿por qué me han invitado si todos sabemos que no soy exactamente una erudita?». Siempre recordaré su respuesta: «Sí, lo sé. Pero eres buena para el alma». Con esa información en mente, me presenté sin preocuparme si sumaba o no de manera intelectual al grupo: ¡el grupo estaba lleno de gente muy preparada! Mi trabajo *no* era decir lo más inteligente sobre nuestro libro. Mi labor consistía en presentarme de buen humor y mantener todo tranquilo y divertido. En resumen, este era mi superpoder, el verde que añadí a este equipo en particular.

Mi esposo tiene varios superpoderes, uno de los cuales es el liderazgo. Se le da organizar grupos de personas y planificar eventos, por ordinarios o extraordinarios que sean. El superpoder de mi padre es contagiar alegría como lo haría un labrador. Uno de los superpoderes de mi mamá es identificar lo que hay que hacer y aprender las habilidades para llevarlo a cabo; además, es buena para hacer notar cuando algo está a punto de fracasar en cualquier situación, y ayuda a las personas a ver cómo pueden evitar de manera proactiva ciertos resultados indeseables. Uno de mis mentores tiene la cualidad mágica de presentar a las personas entre sí: las personas adecuadas, en los momentos idóneos. Me gusta ver los superpoderes de mis hijos a lo largo de los años. A veces cambian y en otras ocasiones se mantienen. Mi hija ha sido creadora toda su vida y uno de sus superpoderes actuales es aplicar su arte para ayudar a nuestra familia a celebrar las festividades, pues encuentro coronas de papel para Pascua, así como tarjetas de cumpleaños y de San Valentín hechas a mano, todo escrito con su cuidadosa letra cursiva. El superpoder de mi hijo siempre ha sido hacer reír a cualquiera, incluso en los aeropuertos, hace comentarios casuales que hasta los empleados de la Administración de

Seguridad en el Transporte se miran entre sí con risitas asombradas. Él puede animar a cualquiera. Él es un debilitador de bravucones, ya que, a su alrededor, casi siempre los fanfarrones del patio de recreo en lugar de molestar se ponen a jugar, porque no le cuesta crear un ambiente en el que todos se sientan incluidos y se diviertan.

Cada uno de mis alumnos tiene un superpoder, y parte de mi trabajo como maestra es identificarlo y sacarlo a la luz. Una construye comunidades y moviliza a la clase para que haya unidad. Para que esté llena de amigos y haya simpatizantes, los cuales puedan reunirse fuera de las horas de clase. Uno de ellos es un conector. Él piensa en cómo la escritura de sus compañeros de clase puede encontrar un hogar en el mundo y presenta a personas que podrían ayudarse entre sí. Otro es un lector genio que siempre puede ver de qué trata en esencia cada obra antes que los demás.

¿Cuál es tu superpoder?

Sospecho que tienes más de uno. ¿En qué no tienes que esforzarte? ¿Dónde fluye tu energía de manera natural? ¿Qué aportas a un grupo? Puede ser algo que haces en tu tiempo libre, que es innato para ti y lo realizas por diversión. ¿Organizar? ¿Conectar? ¿Crear? ¿Nutrir? ¿Teorizar?

Vale la pena echar un vistazo a qué es lo que aportas en cada una de tus diferentes áreas de vida. Hacerlo ofrece formas sencillas en las que podemos formular las preguntas que guían nuestras decisiones diarias. También nos ayuda a reclamar nuestro dominio.

Ahora que soy maestra, les digo a mis alumnos que sus textos deben presentar una idea que promueva el pensamiento crítico y que, a su vez, conduzca al mejoramiento de la sociedad. Esta es una tarea difícil. Pero ¿por qué crear algo, por escrito o en la vida, que no intente sanar el mundo de una manera sencilla o significativa? Vemos algo que nos inspira y también queremos inspirar con algo propio. Recibir buena vibra crea energía para mostrar una nueva generosidad.

Una de las grandes libertades de nuestra vida es la capacidad para considerar qué servicio podemos ofrecer, qué pequeña pieza podemos agregar a la imagen en su conjunto, de qué manera nuestros intereses pueden combinarse con lo que el mundo podría utilizar, apreciar o necesitar. Una de mis amigas que se dedica a la política, supera las elecciones donde no obtiene buenos resultados al recordarse a sí misma y a sus amigas: «Doblen la apuesta. No intentes hacer todo. Si lo tuyo es escribir cartas y tocar puertas para involucrar a los votantes, entonces hazlo. Pero si lo tuyo es hacer algo distinto, entonces enfócate en ello».

En lugar de volverme loca por tratar de presentarme a todos los *rallies*, cuando estos no son lo mío en realidad, sus palabras me recuerdan que elija lo que puedo añadir y acepte mi dominio sobre eso, sin desear que sea otra cosa. Soy escritora, así que quizás pueda elevar mi escritura para añadir al verde del mundo. Los maestros pueden enseñar, los constructores pueden construir, los padres pueden educar, los científicos pueden realizar experimentos y promover el conocimiento científico, etc. Haz tu propio trabajo bien, de acuerdo con lo que crees y en la medida de lo posible.

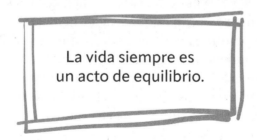

La vida siempre es
un acto de equilibrio.

LAS MEJORAS DEL HOGAR NO SON MI SUPERPODER

No sé cómo arreglar las cosas, ya sea con serruchos, desarmadores y tornillos, en lo cual James es bueno, o con una aguja e hilo, en lo cual Cora es buena, o incluso con cinta adhesiva y una pistola de silicón, algo que Scott sabe hacer. Cuando me mudo a una casa y miro las paredes y alfombras, pienso: «Bueno, esto es todo». Pero sí sé cómo arreglar las cosas con palabras. Creo que este es mi mejor superpoder: la creatividad y la comunicación. Cuando hacemos un viaje largo en automóvil, me invento un juego. Si hay una pausa en la conversación, puedo ofrecer un nuevo tema con facilidad. Me resulta sencillo salir de muchas situaciones tan solo con hablar. Desde que mis hijos eran bebés, si tomamos el autobús equivocado al viajar con ellos, aquello se convierte en una aventura y casi siempre conocemos gente nueva en el camino. Cuando acampo con amigos (ser útil en la naturaleza está lejos de ser mi superpoder, pero es uno de los muchos de James) y los niños se aburren y comienzan a hacer travesuras, puedo organizar una búsqueda del tesoro completa en minutos con pistas que riman o también puedo contar una historia. Con esta forma de creatividad viene el superpoder de la improvisación. Si no tenemos dinero, pienso en diversión gratuita. Cuando la alacena está semivacía puedo preparar sopa con lo que tenga a la mano. Si no tenemos un regalo de cumpleaños y la fiesta comienza en 20 minutos, elaboro una tarjeta de regalo encantadora para invitar al cumpleañero a nuestra casa a hacer fresas cubiertas de chocolate, y sé que nos divertiremos en esa actividad. Si no hay flores rozagantes, y por supuesto que debería de haberlas, puedo caminar durante 15 minutos y regresar con un hermoso ramo que fui recogiendo al pie de las montañas. En una ocasión, uno de mis amigos dijo de sí mismo: «Me impulsa la pereza y la calidad». Supongo que a mí también.

He encontrado maneras de que mi superpoder sea útil, en particular en el mundo y en una casa pequeña. No se pueden planificar todas las contingencias, pero es posible manejarlas bien mediante la improvisación. Combino esta destreza con las habilidades prácticas del resto de mi familia, ¡y *voilà*! Funciona.

Supongo que tus superpoderes, como los míos, son diferentes a los de tus amigos y familiares. Aprovecha esas diferencias. ¿Cuál es tu maestría individual, única, por sencilla o extraña que parezca? Reclámala como la superpotencia que es.

CAMBIA LAS OBLIGACIONES POR REGALOS

Cuando nos mudamos al tejado, establecí límites sobre cuántas horas trabajaría al día y qué esperaría de mí misma cada año en términos de obligaciones laborales. Comencé a canalizar a clientes potenciales, cuyo trabajo yo no aceptaría, con otros escritores y editores que admiraba, incluidos mis alumnos, creando así oportunidades para ellos y al mismo tiempo siendo un recurso en mi comunidad. Mis propios mentores habían hecho esto por mí de forma recurrente durante varios años, dando un trabajo significativo que ellos no necesitaban ni querían, a sus protegidos como yo, que sí necesitábamos y agradecíamos esas oportunidades. Ahora era mi turno de hacer lo mismo.

En el momento en el que despejé mi escritorio como señal de que ya estaba lista, llegó un nuevo y emocionante trabajo. Me llegaron oportunidades en forma de becas, colaboraciones con artistas que admiro y llamadas inesperadas donde me pedían dar una clase sobre tal o cual aspecto de la escritura. También surgieron nuevas ideas. Algunos escritores hablan de «tomar dictado» cuando escriben. Es tan sencillo como cuando el cerebro, el cual da vueltas al proyecto mientras descansamos, nos arroja buenas ideas y las anotamos. Esto comenzó a sucederme, en un principio, debido a que no ocupaba toda mi mente, lo cual hacía que surgieran buenas ideas. La creatividad volvió cuando me di cuenta de que no necesitaba tanto dinero como pensaba, o al menos solo el suficiente como para que valiera la pena aceptar un empleo que no era mi primera elección. Así que dupliqué el trabajo de enseñanza que amaba y pedí más clases.

Además, me percaté de una solución al problema de *marketing* que enfrentan muchos escritores, entre los cuales me incluyo. Hoy en día, se espera que los escritores pasemos bastantes horas a la semana promocionando nuestros libros, algo que sabía cómo hacer porque había tomado clases, pero que *en verdad* no disfrutaba, porque no solo agregaba palabras desordenadas al mundo (palabras que no son necesarias ni hermosas), sino que también me involucraba en una lucha de egos. Mi forma de proceder es dejar de lado esas pugnas, ya sea por el conocimiento, la ostentación o el juego de publicidad de espía contra espía.

Al aligerar mi carga de trabajo hice espacio para una idea alternativa. En lugar de empeñar mis productos, daría regalos. Invitaría a mis alumnos de escritura, los de antes y los actuales, a una sesión de escritura durante el invierno. Mi idea era sentarnos junto a la chimenea con una copa de vino y guiarnos en una serie de ejercicios de escritura creativa. El espíritu del regalo también surgió con mi proyecto semanal de poesía para extraños; para un escritor, escribir un poema semanal con la intención de compartirlo a la comunidad garantiza varias cosas: un flujo constante de nuevos términos (palabras que algunas veces tuve que buscar), vulnerabilidad y diversión para mí, por tener que conocer con frecuencia gente nueva, así como la importancia de escribir poemas que le interesen a la gente común y tener un grupo entusiasta de fanáticos de la poesía esperando cada semana para ver qué poema presentaría.

A esto le añadí un regalo semanal que tenía que ver con mis hijos. Iba una vez a la semana a sus clases y les contaba cuentos de hadas a los pequeños alumnos, mi tipo de cuentos favoritos. Se supone que Einstein dijo: «Si quieres que tus hijos sean inteligentes, léeles cuentos de hadas; si quieres que sean más inteligentes, léeles más cuentos de hadas».

Estas historias tratan sobre la resolución de problemas como una forma de llegar a la mayoría de edad; parecía una manera divertida de hacer que estos niños pequeños pensaran de manera crítica y creativa sobre los modos en que serían llamados, en la vida, a contribuir al mundo. Ser la mamá de los cuentos de hadas significaba que podía conocer a sus compañeros de clase y profesores, y ser voluntaria de una manera que me parecía significativa, en lugar de organizar el contenedor de legos o vigilar en el recreo, ninguno de los cuales son mis puntos fuertes. Se siente bien reemplazar una «obligación» por un «regalo», pues es una forma de editar la vida compartiendo lo que amas o lo que ya haces bien.

Hay tantas maneras de hacer esto. Piensa en cómo puedes convertir tus obligaciones en algo que añada al verde. Digamos que tienes la obligación de pasear a tu perro tres veces al día; tal vez puedes convertir un paseo en un regalo ofreciéndote a pasear al perro de un vecino mientras este se encuentra en el trabajo. O supongamos que a un amigo en ciertas ocasiones no le alcanza el dinero para llevar comida a casa por lo que te lamentas de tirar el alimento que ya no consumes. ¿Puedes llevarle algo de comer una o dos veces por semana? No implica más trabajo del que ya tienes, y genera un ambiente positivo.

Esta edición de vida también puede llegar a los espacios menos conscientes. ¿Qué obligaciones emocionales te pides asumir? Dos de las mías es sentir la necesidad de llevar adelante cada conversación (lo que ocasiona que luego nadie más participe) y también la necesidad de analizar una situación una vez que ya ocurrió; ya sea buena, mala, graciosa, triste o con cualquier «etiqueta» emocional. Me pregunto qué charlas y revelaciones podrían surgir si practicara reemplazar esas obligaciones por un regalo, como una sonrisa o una pausa generosa para dejar que la otra persona hable.

O ¿puedes dar el mejor regalo, el de la confianza y la autonomía, a tu pareja, hijos u otros integrantes de la familia, para que puedan hacer por sí mismos las tareas que normalmente haces, lo que aligera tu carga de obligaciones en el hogar, además de empoderarlos?

Por supuesto que no tienes que torturarte con nada de esto. Debes sentirte bien al dar un regalo.

APROVECHA EL MÍNIMO DE UN ENTORNO CÓMODO

Parece que muchos han llegado a la misma conclusión, que para añadir lo máximo al mundo debemos contentarnos con tener lo mínimo. Leonard Cohen dijo en una entrevista: «Un entorno modesto es el mínimo de un ambiente que te permite hacer tu trabajo con la mínima distracción y la libertad más estética. Un palacio o un yate sería una enorme distracción del proyecto... Me gustaba vivir en una pequeña choza». Buen ejemplo de ello: ¡Google, Microsoft, Apple, HP y Amazon comenzaron en los garajes! Asimismo, gran parte de mis mejores textos se han producido en una oficina del tamaño de una cabina telefónica, demasiado pequeña para que nadie más pueda entrar. Los seres humanos han hecho mucho con poco a lo largo de los años.

Pero ciertas formas de riqueza se obtienen a costa de otras. Tom Hodgkinson de *The Idler*[2] nos expone esta idea de que, si te contentas con la tecnología de hace 10 años, vivirás como una persona rica, y si te contentas con la tecnología de hace cien años, vivirás como un rey.

No obstante, debemos recordar que la realeza tenía personal a su servicio. Pero la mayoría de nosotros somos el personal de nuestras propias casas. Tenemos que trabajar, cuidar nuestras propias relaciones y ejercitar nuestros propios cuerpos. Lo que nos lleva a la forma de ver de Picasso: «Me gustaría vivir como un hombre pobre con mucho dinero». Él sí que añadió mucho al verde cambiando para siempre el mundo del arte.

De hecho, si lo vemos desde la perspectiva de añadir al verde, hay poco valor en poseer objetos costosos: estos temas que debemos manejar, con los cuales hay que lidiar y que a menudo nos distraen del trabajo de nuestra vida. Una y otra vez vemos la

---

2 Revista creada en 1993 por Tom Hodgkinson y Gavin Pretor-Pinney que habla sobre devolver la dignidad al arte de holgazanear y de ver el ocio como algo a lo que aspirar en lugar de rechazar.

necesidad de crear con sencillez, en condiciones humildes. Por ejemplo, Stephen King cuenta la vez que tuvo que cambiar su llamativo escritorio por uno de esquina más humilde, en el que a sus corgis les gustaba acurrucarse. El crear algo implica alguna forma de juego, pues jugamos cuando exploramos, cuando somos curiosos y estiramos los límites, y no cuando estamos protegiendo con miedo el *statu quo*, temerosos de perder algo o fallar. La antítesis del juego es el sentimiento de defensa que tenemos cuando protegemos o queremos conservar algún objeto, al tratar de sentirnos dignos de eso que podríamos perder (como el gran escritorio en el centro de nuestro estudio, en el que no escribimos).

Es algo así como una cuestión de «El traje nuevo del emperador». Si el emperador se hubiera contentado con hilos ordinarios, no habría dejado que su imperio pasara frío y hambre; su historia no habría terminado en la humillación de estar desnudo en su propio desfile. Es una ficción, pero una ficción útil; todos conocemos personas que convierten el poder en una herramienta para «mí» y no para «nosotros». Muchas de estas personas están dispuestas a todo para desacreditar lo que parezca esperanzador o posible. Esta es una forma de quemar el verde. Pero de las cenizas surgen oportunidades. Dicen que incluso Dios hizo su mejor esfuerzo al crear en un vacío oscuro.

SANA EL MUNDO

Comenté, con un amigo judío, mis reflexiones acerca de añadir al verde, y él me dijo con certeza en los ojos: «*¡Tikkun olam!*». Luego explicó: «Significa sanar el mundo. Es lo que todos tratamos de hacer, tanto de forma individual como grupal». Una manera literal de sanar el mundo es dejar que el verde sea verde. Dejar que el verde reemplace el gris con el que hemos pavimentado el verde. Sostengo esta metáfora, pero también me persigue.

Muchas personas sienten que deben elegir el verde que van a añadir; ¡no podemos añadir todo lo que queremos de una sola vez! Como cuando una amiga enfermera se preguntaba: «¿Por cuál de las dos causas que más me importan debo trabajar en mi tiempo libre?». Se sentía dividida entre la igualdad racial y la libertad reproductiva de las mujeres. Ella también tiene tres hijos y un trabajo de tiempo completo. En su caso, elegir una sola causa se siente como una elección imposible. Pero si trabaja en una durante 10 horas a la semana en el presente año, y luego cambia para el próximo, o cada una cinco horas, o eligiera una para siempre, ella ya estaría añadiendo al verde. Cuando añadimos al verde, otro verde crece a partir de él. A veces tendremos que elegir una forma en el momento y otra más tarde. Esto también es parte de la edición.

Es tentador preguntar: ¿puede una vida marcar la diferencia? Sí, pero esa pregunta no debería quitarnos el sueño por las noches. Lo que obtenemos de inmediato al añadir al verde es el respeto propio que surge al saber que nuestras acciones y alegrías no son las que causan problemas al universo. Que hoy, ayer y anteayer pudimos añadir algo amable por pequeño que fuera. Que hemos vivido honestamente según nuestros propios estándares y lo mejor que podemos vivir, dados los parámetros de quienes somos.

Llegué a mi elección de vidas (escritora, maestra, madre) porque las disfrutaba y porque sentía que podía hacerlas bien. Al disfrutarlas, me he vuelto mejor en cada una. Siento que tengo algo que aportar y al hacerlo también tengo algo que enseñar. Pero tal adición requiere un enfoque profundo. Establecer límites más simples en algunos aspectos, como en el hogar, ha liberado energía para tener variedad y libertad en otros ámbitos, a saber: trabajo, amor y juego. Así que, minimizar mis necesidades (mi enfoque interno), me permitiría añadir con más libertad al verde, y en consecuencia, cambiar mi enfoque hacia el exterior.

Cada vez que me siento abrumada por la pregunta de hacia dónde canalizar mi energía, tengo que recordar que no solo enseño, escribo o educo a mis hijos, si no que estoy reconstruyendo el mundo a través del amor.

AÑADE INCENTIVOS Y ENCUENTRA EL «VERDADERO PLACER»

Mi hija, tres años mayor que mi hijo, ha tenido muchas «Lecciones» con L mayúscula o «actividades nombrables» (a diferencia de las creaciones de cartón o las representaciones de animales de peluche). Esto significa que una vez a la semana, desde que mi hijo era pequeño, él y yo tenemos una hora libre mientras la esperamos a ella en la piscina, en el estudio de baile o fuera de la sala de música de profesores. Yo solía pensar en esto como horas de espera. Las lecciones interrumpían las siestas de su hermano y era necesario salir de la casa en momentos inconvenientes. No obstante, al pensar en ello, vi que esas horas me dieron la oportunidad de pasar tiempo con mi dulce hijo. Una forma inesperada de añadir al verde. A él no le importa; él va con la corriente. Pero cuando se le da la oportunidad de fluir en su propia dirección, me deja sorprendida. El regalo que nos dieron las Lecciones fue el tiempo que pasamos juntos él y yo.

Pensaba en esas horas o medias horas como nuestras citas. Cuando era un bebé, una cita podía ser solo dar una vuelta a la manzana para buscar retroexcavadoras o usar las escaleras eléctricas. A medida que crecía, las citas cambiaron. Primero en idas al café por *croissants* y chocolate caliente. ¡Mis favoritas! Pero mientras más se alargaban las Lecciones de Cora, eventualmente mi hijo y yo comenzamos a hacer algunas actividades bastante interesantes que él mismo quería hacer, y no lo de su hermana. Por ejemplo, durante la lección de navegación de tres horas de Cora, Scott y yo adoptamos la hermosa rutina de sentarnos en el club de vela y escribir un libro juntos. Él dicta y yo escribo. Su género habitual es el terror/romance, el cual es un género que de otro modo yo no pensaría escribir. Al finalizar esta actividad, damos un paseo por los muelles.

«¿Has tenido suficiente de todo?», le pregunté una noche después de haber escrito un nuevo capítulo de su libro *Los lobos salvajes*. Habíamos pedido papas fritas y limonada, y para mí una cerveza deliciosa. Caminamos alrededor del muelle, vimos peces y exploramos una cueva.

«¡Por supuesto que no!», dijo, como si yo hubiera hecho una pregunta ridícula.

Luego aclaró: «¡Me gusta mucho esto!».

A mí también. Las citas con mi hijo durante las Lecciones afianzaron nuestra relación de manera significativa porque ambos buscábamos disfrutar juntos. El placer de pasar tiempo con la gente tiene un significado particular, y el de estar solo tiene otro sentido. Tu trabajo es añadir al verde del mundo; tus placeres ayudan a construir la satisfacción dentro de ti. ¿Qué es lo que siempre te anima? Estos son tus placeres.

Todos sabemos que la mayoría de los grandes placeres de la vida son accesibles: conversar, pensar, la naturaleza; para mí, si agrego escribir y caminar, tengo casi todo lo que podría pedir. A menudo, necesito un pequeño incentivo que me lleve a un placer más grande, por ejemplo, la promesa de un masaje después de cumplir con la entrega de un proyecto, un café y un *muffin* como señuelo en el escritorio a las seis de la mañana, una película familiar después de limpiar la casa o reunirme con un buen amigo en el museo para que podamos observar juntos lo que es importante e irlo comentando. Los incentivos logran maravillas, sobre todo si unes el placer deseado con el buen hábito que es escribir, correr, limpiar la casa, y aprender. Más allá de cómo te incentives, seguirás esa zanahoria hasta que termines la carrera. Creo que es mejor tener incentivos a primera hora del día. Cuando lo hacemos bien, todo el día se siente como una serie de placeres.

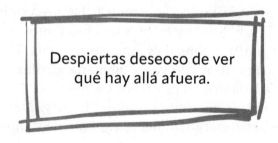

Despiertas deseoso de ver qué hay allá afuera.

Por supuesto, sabemos que en realidad el incentivo no es el verdadero placer. El tiempo con mi hijo lo es. Las papas a la francesa son el incentivo que nos hace sentarnos juntos en la mesa del club náutico. El café y el pan son el incentivo para despertarme y realizar mi actividad creativa elegida que es el verdadero placer. Sin embargo, para muchas personas, los incentivos pueden concretar el placer de la actividad y hacer que nos sentemos a la mesa.

Observa qué placeres añaden a *tu* verde. ¿Qué hace brillar a tus superpoderes y qué te hace sentir que puedes hacer algo con facilidad? ¿Qué incentivo te devuelve tu energía lo suficiente como para hacer cosas más intensas que se conviertan en fuentes de energía importantes y continuas? Para mí, los incentivos que me dan energía son una bebida tibia y unos calcetines cálidos para entablar una buena conversación o sesión de escritura (fuentes de energía importantes). Para mi hija, es aprender una nueva manualidad por medio de un tutorial. Esto le da energía para hacer hermosos regalos de papel a las personas que ama (fuente de energía importante).

Cuando mi hijo estaba recién nacido, mi esposo, mi hija y yo hicimos listas de pequeñas cosas que disfrutamos: nuestros placeres. Las formas en que nos gusta usar nuestro tiempo libre. Mi hija incluyó acurrucarse con el perro, hacer actividades artísticas y comer cereal, ¡conmigo! La lista de mi esposo incluía más aventuras al aire libre que intensifican el tiempo, como el esquí, la natación y la pesca. Las pegamos todas en el refrigerador, sabiendo que tener un nuevo bebé interrumpiría nuestras vidas de manera considerable, y que tenerlas a la vista nos proporcionaría una lista rápida de placeres para cuando el bebé estuviera dormido (Cora y yo podíamos acurrucarnos con un libro, así ambas descansábamos, en lugar de darle mi teléfono para que jugara o que la hora de la siesta se empalmara con la hora de las tareas domésticas). Nos ayudó para estar conectados con nuestros placeres y sentirnos capaces de cuidar al bebé como familia. Era una especie de seguro contra el agotamiento o de no tener un objetivo específico durante esos primeros meses.

Ahora hago esto por hábito, sin pensar. Mantengo una lista mental de «buenos usos del tiempo» o «incentivos de Elisabeth» de cinco minutos. Si un estudiante llega tarde a una reunión de Zoom y siento que mi tiempo y energía se agotan mientras espero, envío un correo electrónico al alumno para avisarle que regresaré en un momento, de modo que pueda hacer cinco minutos de estiramiento, o escribo un correo electrónico a alguien, o me preparo una taza de té y como un glorioso dátil de Medjool. En resumen, uso los incentivos como microdosis de verde para restablecer la paciencia y la energía positiva, y alejarme del sentimiento de molestia. Así puedo aparecer con mi mejor versión de mí misma, lista para ofrecer algo de valor.

EJERCICIO DE EDICIÓN DE VIDA

1. Planifica tu *ikigai*: ¿Cuál es tu *ikigai*, tu razón para enfrentar el día? La respuesta estará en el cruce de lo que amas, aquello en lo que eres bueno, lo que el mundo necesita y, tal vez, lo que el mundo te pagará por hacer. Puedes probar dibujar diagramas de Venn (cuatro círculos que se cruzan) para enumerar las respuestas en cada uno de estos círculos, viendo dónde convergen. ¿Cómo puede ser valioso para el mundo la esencia, o los detalles, de algo que amas y en lo que eres bueno? Enumera algunas formas.

2. Haz tu gran pregunta de vida. Escribe, de todas las maneras posibles, tu gran pregunta de vida sobre qué verde puedes añadir al mundo. Recuerda que dicha pregunta de vida debe funcionar tanto a nivel individual como social: algo que te haga sentir bien contigo mismo y que sirva al mundo más allá de ti. Algo que vincule tu pequeña vida individual con el gran mundo. ¿Qué puedes hacer mañana para intentar vivir la respuesta a esa pregunta? ¿Qué puedes hacer este año?

3. ¿Cuál es tu superpoder? Date una insignia por ello, aunque sea invisible. ¿Qué es eso que siempre puedes hacer bien? ¿Eres gentil y de mucha ayuda en una crisis? ¿Eres bueno para prevenir los conflictos? Cualquiera de estos es útil. ¿Cuál es tu superpoder en cada una de las áreas de tu vida? Reclama tu dominio de ese poder y renuncia a la necesidad de ser reconocido por otros poderes que no son naturales para ti.

4. Haz tu lista de placeres. Pégala en tu refrigerador. ¿Qué es lo que siempre te gusta hacer? Consulta esta lista cuando tengas pequeñas pausas durante el día. Enumera los placeres cortos y largos, triviales e importantes. Tu trabajo es añadir al verde del mundo; tus incentivos y placeres ayudan a añadir a *tu* verde. ¿Qué te anima siempre? Enumera algunos puntos, incluso si son sencillos o parecen tontos, y piensa en formas de construirlos. Te harán sentir renovado y contribuirán para que todos los días se sientan placenteros. ¿Puedes darte varios placeres sencillos al día y un gran placer cada mes? ¿Puedes consultar esta lista cuando tengas un tiempo libre (en lugar de hacer algo que no te llene)?

5. El mínimo de un entorno cómodo. ¿Cuál es el tuyo? Yo siento que puedo hacer casi cualquier cometido en el mundo si tengo agua caliente y una cama limpia. Mira alrededor de tu casa. ¿Para ti qué es lo necesario y qué no lo es? Tal vez no necesites un comedor, pero te gustan las piezas de arte colgadas en las paredes. Tal vez no tengas ningún problema para compartir un baño, pero te resulta cómodo tener una oficina propia. ¿Hay alguna manera de depurar tu entorno y las necesidades de tu hogar para que solo quede lo estrictamente necesario de modo que puedas hacer el trabajo de tu vida?

6. La sanación que se necesita en tu mundo. ¿Hay algo de manera inmediata fuera de ti mismo en lo que puedas intervenir? Piensa de forma amplia y profunda: ¿qué o quién necesita sanación y atención dentro de tu casa, de tu colonia, de tu comunidad o profesión o dentro de tu mundo? Planea realizar un acto simple para ayudar a enmendarlo y así añadir tu habilidad, tu sabiduría o tu amabilidad al verde.

PARTE 3

DISFRUTA TU VIDA

7

DISFRUTA LOS DÍAS ORDINARIOS

Organiza en órbitas

A estas alturas, ya hiciste la parte difícil: observaste de cerca tu vida y elegiste qué ediciones son necesarias hacer en función de lo que te importa. En resumen, reconfiguraste tu vida para que se ajuste a lo prioritario, ya sea de manera relevante o sencilla. Has hecho esto lo mejor que puedes en estos momentos. Tienes estas herramientas en su respectiva caja para otras etapas, cuando puedas editar más, en caso de ser necesario. Por ahora, ya has editado, así que es tiempo de disfrutar de tu vida.

Para muchos, esta puede ser la parte más difícil. El estar en el aquí y ahora, el confiar en los sistemas, el agradecer y fluir. Como dice mi amigo piloto, la parte difícil es subir y bajar el avión. Ahora ya puedes navegar, pero existe un arte para la navegación.

Chekhov lo expresó de esta manera: «Cualquier idiota puede enfrentar una crisis. Es la vida diaria lo que te agota». Ahora veremos la vida cotidiana.

PLANEA SORPRENDERTE E INCORPORA SORPRESAS AL PLAN

Existen dos categorías a considerar en el mundo de la escritura: los conspiradores y los pantaloneros.[3] Los conspiradores comienzan con un plan en mente y saben hacia dónde se dirigen. En consecuencia, desperdician menos palabras y dan menos pasos en falso en el proceso, a diferencia de los pantaloneros, llamados así por escribir desde el asiento de sus pantalones. Los pantaloneros van donde los lleve el momento y escriben desde un lugar de constante sorpresa y asombro. De tal modo, pueden escribir un libro completo para descubrir de qué se trata y luego reescribirlo desde el principio para tener la trama correcta (o abandonar el libro y escribir otro). Los pantaloneros son libres y espontáneos, mientras que los conspiradores son diligentes y organizados.

Es normal ser ambos. Una vida bien editada, al igual que los días y años completos y deliberados que surgen de ella, se derivan de nuestra capacidad constante de tener características de uno y del otro.

La investigación sobre cómo formamos recuerdos sugiere que la anticipación es una parte agradable y necesaria para recordar una experiencia en su totalidad. Pero también lo es ser espontáneo, estar en el aquí y ahora, listo para responder ante lo que presente la vida. Tenemos un plan para el día, la semana, el año o la vida: una especie de caja de aspiraciones que se llena de incógnitas conocidas.

Como cuando un abogado comienza una réplica con una serie de preguntas informadas, que luego debe ser lo suficientemente ágil para adaptarse de acuerdo con la información apren-

---

3 Un pantalonero (*pantser* en inglés) es un término que se aplica de manera más común a los escritores de ficción, en particular a los novelistas que escriben sus historias «desde el asiento de sus pantalones». (Robert Lee Brewster, 2021).

dida. O cuando un maestro inicia un semestre con un programa de estudios y un plan de clase, y abre un espacio para que las preguntas e intereses de los estudiantes den forma al debate. O las vacaciones que arrancan con un itinerario establecido, por decirlo de algún modo (¡depende de quién las planee!) y luego, sobre la marcha, ocurren accidentes, se dan encuentros y se crean recuerdos asombrosos.

Planear un proyecto nos hace despegar y cuando fluimos mientras trabajamos en él, se revelan sorpresas. En los ejemplos anteriores, el conspirador establece los parámetros para que el pantalonero juegue dentro, y luego los descubrimientos del pantalonero se convierten en forraje para la siguiente y mejor versión del plan o del resultado. El abogado une todos los hallazgos en un argumento para el jurado. El maestro resume el debate en términos de lo que se ha aprendido y, en consecuencia, planifica el día siguiente. El viajero recuerda las vacaciones, así como lo planeado y lo imprevisible. Un proyecto es una mezcla entre lo que estaba destinado a ser y el cambio en su curso durante el camino. Muchas personas creativas que conozco tienen días de planificación y días espontáneos. En el tejado, con frecuencia programamos un día del fin de semana y el otro lo dejamos abierto.

En cualquier versión de esto, hay una forma de ver tanto las posibilidades del día como el plan a largo plazo. El truco está en planear (lo mejor que uno pueda y sin volverse loco) a largo plazo, mientras simplemente vives los días. Este modelo nos permite vivir de manera espontánea el día a día, mientras de cierto modo nos dirigimos a la dirección correcta.

COMIENZA CON EL FINAL EN MENTE: EL MODELO DEL SISTEMA SOLAR

Una forma de encontrar un equilibrio entre la planificación y la sorpresa es comenzar con el final en mente. Nos ocupamos del día de hoy de la forma que mejor nos parezca, pero a ratos hacemos una pausa, pensamos en el futuro y nos preguntamos: *¿cómo quiero que sea el final?* En otras palabras, si hacemos nuestro mejor esfuerzo al dejar que las sorpresas de hoy nos lleven a la dirección pensada, nuestra «trama» de vida en general será buena.

Yo sé exactamente cómo es. Una amiga que es mucho más organizada que yo me convenció de escribir mis metas a 10 y a ¡50 años!, y tenía razón. Me pareció útil y bueno hacerlo, incluso si es pura especulación. Mis metas se dividen en las categorías de trabajo, amor y juego, y creo que se parecen mucho a las de todos los demás: buenas relaciones, salud óptima, trabajo que se sienta significativo y divertido, y que pague lo suficientemente bien, al igual que aventura y comodidad, en mismas proporciones. Los detalles son específicos de mi vida, al igual que los tuyos son propios; pero al final, cada uno puede entenderse en general en *sentimientos futuros* a largo plazo y *acciones diarias* a corto plazo. Las acciones diarias en cada ámbito de la vida pueden acumularse y parecerte que hay *mucho* por hacer. Cada día, cada semana y cada mes debo tratar de nutrir una de esas áreas. ¿Cómo?

Conoce el modelo del sistema solar de organización en órbitas:

Digamos que el círculo más interno o el sol es hoy. Aquí y ahora. Como el sol, nuestra vida actual ilumina cómo nos sentimos acerca de nuestro pasado y nuestro futuro.

El círculo que sigue es la semana, luego el mes, la temporada, el año y así sucesivamente. Observa a tu vida desplegarse en todas las direcciones: una dirección es el trabajo, otra es el juego, una más es el amor y otra es la cantidad de valores que aprecias. Imagina cada órbita como un contenedor.

Asumo esto como el método planetario para organizar, ya sea ropa, comida, relaciones, expectativas laborales o actividades. Al imaginar la vida como un sistema solar, siendo el día de hoy el centro, y el final de tu vida los confines más lejanos del espacio exterior, podemos suponer algunos aspectos sobre cómo deseamos que sea «el final» en cada área principal de la vida.

Entonces preguntamos: ¿cuál es la «unidad» pertinente de elementos que pueden caber de manera natural en cada círculo de órbitas (un día, una semana, un mes, un año), siempre que hagamos todo lo posible para ordenar a medida que avanzamos y esperar que sea imperfecto? Este método ofrece un mapa visual de la vida ordinaria, por lo que podemos trabajar hacia nuestra vida ideal (en otras palabras, podemos trazar) de una manera paciente y razonable, a menudo ideando sobre la marcha.

Este sistema de almacenamiento de círculos concéntricos es en gran parte la razón por la cual logramos vivir en 83.82 m^2 sin sentirnos abrumados la mayoría del tiempo.

Para usarlo solo pregunta: ¿qué es necesario para mí en casa esta semana?

Estos son los aspectos de tu vida diaria. Pueden ser menos de lo que piensas. Para nosotros, ahora, lo que pertenece al tejado incluye los animales de peluche favoritos de los niños (en su cama), sus mejores dibujos actuales (en la pared de arte), sus contenedores Lego y materiales de arte (en pequeñas cajas de madera); nuestros electrodomésticos de cocina de uso diario; cualquier equipo para hacer ejercicio que usemos en la actualidad, como colchonetas, bandas, pesas (en el estante sobre la cama de James y mía); y nuestros libros favoritos actuales (en la estantería con la escalera puesta). Estos son los aspectos que nos dan alegría activa o son necesarios ahora, con los que podríamos viajar en las vacaciones, los que requerimos para llevar a cabo nuestra vida diaria y que reemplazaríamos de inmediato si se rompieran.

Aproximadamente, una vez al mes, examinamos lo que tenemos en casa para ver si hay algo (libros, piezas de arte, juguetes, ropa demasiado pequeña) que por ahora pertenezcan a un círculo diferente, y del mismo modo lo que esté en diferentes círculos que deban pertenecer a la casa.

Luego, la siguiente órbita hacia afuera: ¿qué elementos necesito por temporada o cada ciertos meses? Esto pertenece a nuestro garaje, en contenedores. Puede ser tanto ropa fuera de temporada como formal y equipo deportivo; accesorios para mascotas; el contenedor de juguetes intercambiable para niños; los portafolios de arte de los chicos (un contenedor para que cada uno de ellos guarde y conserve sus creaciones favoritas); los electrodomésticos de temporada o no cotidianos; artículos para vacaciones; maletas y equipo de campamento y objetos para ocasiones especiales.

Después: ¿qué es lo que deseo conservar, pero está bien si no lo veo durante más de un año? La respuesta a esta pregunta pertenece a nuestro último círculo concéntrico. Para nosotros, esto es un pequeño almacén a 48 km de distancia, porque no planeamos vivir en el tejado para siempre; en algún momento, los niños crecerán y no querrán compartir una pequeña litera plegable del tamaño de una casa rodante. Este círculo contiene aquellas cosas que deseo conservar, pero de las que puedo prescindir durante cinco años o puede que para siempre. Son los objetos que le regalas a alguien que los quiera o que al final tiras.

El sistema de órbita va desde lo más vital para la vida diaria (en la casa) hasta lo menos importante (almacén). Si tuvieras que empacar tu vida en una hora, sería fácil. Solo porque tienes espacio, no es necesario llenarlo con objetos que no amas o no utilizas.

Pero claro que este sistema se aplica a mucho más que objetos, como cualquier buen método de edición.

Amor: ¿Qué personas pertenecen a mi día? ¿A mi semana? ¿A mi mes? ¿A mi año? Más allá de un año se vuelve un poco incierto. No podemos llamar a todos los amigos a diario, pero es vital nutrir de forma continua las relaciones que son más importantes para nosotros.

Trabajo: ¿Qué proyectos debo impulsar cada día de trabajo y cuáles requieren un gran empujón de vez en cuando?

Salud: ¿Qué alimentos y ejercicios pertenecen a mis días y cuáles a mis semanas? La comida puede ser un mínimo diario de frutas y verduras (y un máximo de alimentos menos saludables), dejando espacio para una comida generosa o una cena de vez en cuando. El ejercicio puede ser una caminata corta todos los días y hacer espacio dos veces por semana para algo más: un partido de tenis, una clase de gimnasia, pesas en casa. Puede ser un simple hábito, como hacer una rutina de ejercicios durante 10 minutos antes del desayuno, o estirarse un poco después de trabajar unas cuantas horas frente a la computadora, o incluso beber un vaso de agua antes de ir al trabajo.

Administración: ¿Qué tareas deben hacerse a diario? (Resulta que son muy pocas). ¿Cuáles de forma mensual (como el pago de recibos)?; y, ¿cuáles una vez al año (planificación financiera, creación de un cronograma de trabajo, controles anuales)?

Al utilizar este modelo, vemos que no todo tiene que suceder ahora o pertenecer hoy a nuestra casa. Esto permite que nuestros días se clasifiquen en lo que es más importante. Puede ser que visualizar estos círculos sea lo que necesites para continuar de forma deliberada con tus días ordinarios, o puede ser que los aclare para completar esos elementos y escribir esto de modo concreto. Ambos me parecen útiles, dependiendo de la temporada.

Cuando tenemos un lienzo demasiado grande para una vida o cuando carecemos de un sistema de edición, es difícil determinar qué es importante hoy, por lo que todas las tareas (preparar comida, hacer el trabajo, dedicar tiempo a las personas que amamos, responder correos electrónicos) tienden a caer en la misma categoría: sin atender. Al pensar en la vida como una serie de círculos concéntricos, podemos prepararnos con tranquilidad y confianza a nosotros mismos tanto para los días ordinarios como para los días excepcionales.

Vale la pena agregar algunas palabras aquí sobre ciertos elementos que no pertenecen a tus círculos concéntricos; es decir, lo que una amiga mía llama su lista de «no hacer». Porque no editamos nuestras vidas para después llenarlas en exceso de formas que son diferentes pero aún abrumadoras, o que no están alineadas con nuestro ser esencial. Ya eliminaste muchos drenajes de energía, ahora no invites a todos a entrar. Con tu nueva disposición de tiempo y energía, una mala forma de gastarlos es en consignas parecidas a las que ya eliminaste. Algunos de estos vampiros a los que tengo especial cuidado de no abrir la puerta son: 1) a las peleas; y 2) a la investigación excesiva.

Categorizo las peleas como cualquier argumento que no sea productivo. Ya sea en el ayuntamiento, en línea o con el vecino. Una pelea ocurre cuando dos o más personas no se ocupan de sus propios asuntos y terminan discutiendo entre sí. Una riña puede disfrazarse como una discusión productiva para encontrar una verdad mayor o un terreno común, pero se delata cuando queda claro que ninguno de las partes desea entender al otro. Trato de evitar a toda costa las peleas, porque dañan las relaciones y la confianza, y no abonan en nada.

Cada vez que tengo tiempo libre y me siento tentada a involucrarme en una discusión «solo por diversión», pienso en un dicho antiguo y divertido que solía decir James, un verso de una vieja canción: «Si te metes en tus propios asuntos, te mantienes ocupado todo el tiempo». En mi experiencia, las peleas no añaden al verde, ni al mío ni al del mundo, por lo que no pertenecen a mi día. Cuando me jalan hacia una discusión de cualquier tipo, trato de no morder el anzuelo. Tengo que creer que mi tiempo es más valioso que eso, y el tuyo también lo es.

La investigación excesiva puede ser igual de tentadora y sentirse productiva, pero en general no lo es. La investigación excesiva puede catapultar decisiones simples a búsquedas del Santo Grial para obtener una respuesta perfecta, lo que nos hace desviarnos tanto que olvidamos la pregunta. ¡Me avergüenza la frecuencia con la que he caído en esta! A veces todavía lo hago. La vida es un trabajo en progreso. Ya sea tratando de idear el programa de escritura perfecto o encontrar la botella de agua ideal, el principio debe mantenerse: aprender lo suficiente para tomar una buena decisión por ahora, pero tratar de no sobrecargarme ni a mí, ni a mi gente o a la decisión misma con una cantidad abrumadora de información. Mi regla general es que, si me preocupa algo, lo investigo lo suficiente para aprender más al respecto, de modo que pueda cambiar mis hábitos o dejar de preocuparme. Más tarde hago algo más, algo que pertenezca a los círculos concéntricos de mi vida. En resumen, podemos destronar el estrés de una decisión sacándola de su pedestal y dándole solo una cantidad finita de nuestra energía.

El primer paso necesario para utilizar esta herramienta de forma útil es saber lo que pertenece hoy a tu vida y lo que no. Al moverte hacia afuera en círculos concéntricos, pregúntate ¿qué es necesario? (Otras versiones de esta pregunta son: *¿qué amo? ¿Qué me da energía?*).

EL MÍNIMO DIARIO

Hay una secuencia en el yoga llamada el *mínimo diario*: significa la práctica corta que haces todos los días, incluso si no ha sido un buen día o si le agregas más secuencias. Cuando escuché el término, pensé en lo útil que era. Puedes llamarlo tus «esenciales diarios». Una de mis compañeras en la escuela de posgrado aplicó este principio y se graduó mucho antes que los demás, al solo asignarse cinco tareas concretas para hacer cada día. Una era besar a su pareja, otra era beber una botella enorme de agua, otra era avanzar en su disertación y las otras dos variaban con el día.

Las grandes cosas en la vida son acumulativas: la confianza que construye el amor, la experiencia que te da el trabajo, la alegría que edifica la compasión, la salud que conforman los actos diarios de bienestar; todo esto se acumula a lo largo de la vida. Esto no quiere decir que no podamos empezar de nuevo; a veces debemos. Pero hacer un mínimo diario; o sea, hacer algo simple en cada una de estas áreas necesarias nos lleva muy lejos.

¿Cuál es el mínimo diario requerido para el éxito a largo plazo en cualquier área de la vida: trabajo, amor, juego o salud? Mis abuelos tenían uno para el amor: solían jugar un juego matutino de *Cribbage* antes de que él se fuera a la universidad. Esta era su diversión diaria de 20 minutos. También jugaron en el hospital la mañana en que nació su primer hijo. Jugaron la última semana de vida de mi abuela, después de casi 70 años de matrimonio. Para un escritor, el mínimo diario puede ser escribir durante una hora, o hasta logar un determinado número de palabras. Para el ejercicio, podría ser realizar 20 sentadillas todos los días antes de cepillarse los dientes. Para el amor, puede ser besar a tu pareja, leerle a un niño o escuchar con toda la atención durante cinco minutos sin hacer diversas tareas ni interrumpir. Para una dieta saludable, podría ser comer una manzana antes del almuerzo o una taza de uvas en el desayuno. El punto del mínimo diario es que lo que haces, cuenta, pero son desafíos muy pequeños. Y, sin embargo, fijan el día.

Aquí está en orden mi mínimo diario tan pronto como me despierto:

- Yoga o ejercicio (de 5 a 15 min).

- Trabajar en mi libro actual o en mi diario (de 60 a 90 min).

- Clasificar correos electrónicos de los alumnos y de los clientes (de 5 a 15 min).

- Desayunar con mi familia (de 30 a 60 min).

Esta es mi rutina matutina donde va mi primera descarga de energía. Cada una de las cuatro tareas está en una categoría específica que es vital para mi vida: salud, juego, trabajo y amor. Cuando no puedo realizar esta secuencia, me siento desarraigada, así que empiezo de nuevo. A veces me tomo unos días libres, una semana, un mes o quizás más, para dormir y abrazar el caos; luego, regreso a este mínimo diario una vez más, porque es un hábito que me produce bienestar.

Un día, no puede contener todos los elementos que una vida requiere. Los días se conforman por cualquier cantidad de actividades planeadas e imprevisibles. Puedes estar abierto a lo que te presente el día, al editar los elementos básicos que deseas sean parte de toda tu vida y al comenzar tu día con ellos.

La mayoría de las religiones principales tiene alguna traducción de una frase que significa más o menos lo siguiente:

> «Si te cuidas hoy, cuidas tu vida».

Una de mis favoritas en este sentido es del maestro budista Dainin Katagiri: «Si quieres cuidar el mañana, cuida mejor del hoy. Siempre vivimos ahora». En lugar de preocuparnos por si tendremos salud cuando seamos mayores, debemos ocuparnos de hacer algo de ejercicio hoy, como caminar, estar más de pie que sentado, estirarse mientras hablamos por teléfono o esperamos en la fila. En vez de preocuparnos por si tendremos relaciones significativas con nuestros seres queridos cuando seamos mayores, debemos ocuparnos hoy de darle a esas personas nuestra mejor atención, incluso solo por unos minutos, y llamarles o escribirles a los que viven lejos cuando pensamos en ellos.

¿Cómo recordar estas tareas diarias mínimas mientras construimos el hábito? Mi maestra de educación física de la escuela primaria tenía una buena manera. Cada mañana se ponía ocho ligas en la muñeca, que se quitaba conforme bebía ocho vasos de agua. Ahora mi hijo aplica este tip, ya que era común que se deshidratara. Yo probé una estrategia con un brazalete para acordarme que debo hacer un poco de estiramiento o ejercicio cada mañana. Después de cepillarme los dientes me coloco la pulsera en mi muñeca derecha (dominante), y una vez que termino de realizar una tarea, la cambio a mi muñeca izquierda. Lo último que quiero es que una pulsera, incluso una pequeña de goma, se mueva alrededor de mi mano dominante todo el día. ¡Así que me activo!

Estos trucos parecen un poco bobos pero sí que funcionan.

Si elegimos nuestras primeras elecciones hoy, incluso en las formas más sencillas, es probable que tengamos una vida hecha principalmente de primeras elecciones.

RESPETA A TU YO DEL MAÑANA

Tu yo de hoy es el puente entre tu yo de ayer y tu yo de mañana. Acepta la responsabilidad y el privilegio de ser ese puente. Nuestro yo de ayer reconoce la necesidad de estos métodos y define las tareas; nuestro yo de mañana se beneficia de haberlo hecho, y nuestro yo de hoy tiene el trabajo de hacerlo.

El objetivo es tener algunos buenos mecanismos que ayuden al resto a sentirse como hábitos naturales. Por supuesto, hay y existirán sistemas sobrepuestos. A veces debemos dejar todo. Pero cuando editamos bien, hacemos el trabajo del día en el orden más importante. En consecuencia, respetamos tanto a nuestro yo de ayer como a nuestro yo de mañana.

Esto puede ser difícil. ¡Imagina cómo asumimos que nuestro yo de mañana querrá hacer todo tipo de actividades que nuestro yo de hoy tiene poco interés en hacer! Este punto nos lleva a la procrastinación y a no confiar en nosotros mismos y en nuestros mecanismos. Y eso nunca es una sensación agradable.

La mejor práctica para respetar al yo de mañana es pensar desde el final, de atrás hasta hoy: ¿cómo quiero que se vea mi vida? ¿Qué debe contener? ¿Cómo me siento? ¿Qué es lo importante? Traza. Trabaja a partir de ahí lo mejor posible. Yo quiero escribir muchos libros que añadan al verde del mundo; deseo tener una buena amistad con mis hijos adultos, esposo, amigos y familiares; deseo estar orgullosa de mis alumnos en todo el mundo y aún enseñar de cierta forma durante toda mi vida; pretendo llegar a los cien años de edad con buena salud y feliz, para que pueda disfrutar tantos buenos años como sea posible en la Tierra. Para maximizar la probabilidad de mi éxito, hay ciertas cosas que sé que debo hacer este año, como trabajar en un libro, cuidar mi cuerpo, respetar y escuchar a mis seres queridos, y mantener mi método de enseñanza animado y agradable. Estas cosas se pueden desglosar con bastante facilidad en las tareas para hoy y mañana. Así que lo único que queda es hacerlas.

También soy consciente de que en mi vida, como en cualquier otra, suele haber días donde se acumula el trabajo. Para evitar que eso absorba tiempo importante y para respetar a mi yo de mañana, establezco una hora determinada para realizar esa tarea, como el día de lavar ropa lo programo los viernes por la mañana o el día de revisar cuentas también lo ajusto los viernes temprano mientras se lava la ropa. Asimismo, defino un día a la semana para platicar sobre asuntos financieros. De esa manera, todo ese trabajo que se debe hacer no se extenderá a las horas más valiosas, ni sentirás que no lo haces y que se queda siempre anotado «en la lista» de pendientes. Se siente bien saber dónde pertenecen estas tareas recurrentes dentro de mi semana, solo así sé que las terminaré en algún momento. Sé cuándo atenderlas y cuándo ignorarlas. Si dejar de atender esas tareas por un día te molesta, intenta no hacerlo. Como ha observado la experta en temas del equilibrio entre trabajo y vida, Laura Vanderkam, sobre los quehaceres domésticos, es costoso contratar a alguien, pero «no cuesta nada bajar tus estándares».

Todos tienen algún tipo de sistema personal o credo, consciente o no. Cuando somos conscientes de crear métodos con respecto a nuestro yo de mañana, es más probable que los sigamos, ya que entendemos por qué los hacemos. Cuando es el día de la lavandería, lo correcto es lavar la ropa, y al aceptar esto, incluso la lavandería puede sentirse como un placer temporal. No querrás hacerlo mañana más de lo que quieres hacerlo hoy, y es seguro que haya algo más que se quede sin hacer mañana por haber procrastinado la tarea de este día.. Es importante identificar qué es lo que detiene a tu yo de hoy (como que encuentres aburrida esa tarea) y qué sacrificio tendrá que hacer el yo de mañana si nuestro yo de hoy no realiza ese trabajo (perderme una cita con James).

La vida es más fácil cuando respetamos los contenedores o los límites, y cuando los llenamos con cuidado. Un día solo tiene 24 horas, un embarazo requiere nueve meses, un ropero tiene espacio solo para cierto número de ganchos, te cansas e impacientas a cierta hora de la noche, o te duelen las rodillas después de caminar 6 km. No llenes tanto tu vida que no puedas recordar el ayer o el día anterior a ese, o que hoy te arrepientas de lo que hiciste ayer.

> Acepta tus parámetros.

LIMPIA AL FINAL DEL DÍA

Este principio se enseña en el kínder y es muy efectivo cuando se aplica a la vida. Limpiar los residuos de una comida es fácil y ofrece un tipo de final agradable; terminas la ocasión y dejas el espacio limpio para la próxima comida. Pero limpiar los restos de varios días es miserablemente pegajoso y requiere de tallar mucho.

Puedes usar este principio con las personas. Si un familiar y tú discuten, incluso si aún no llegan a un acuerdo, pueden asumir una postura inteligente y disculparse si alguno cree que estaba equivocado o decir: «Te quiero mucho a pesar de que sigo enojado», de alguna manera entender la situación o llegar a una tregua por esa noche. Cuando limpiamos al final significa que hacemos cosas amables antes de que termine el día, para que el argumento no continúe al siguiente.

Mi abuelo, un exminero, alguna vez dijo que limpiar la mina al final del día salva la vida de los trabajadores.

Afortunadamente, la mayoría de las cosas que dejamos de hacer hoy no nos matará mañana, pero el principio conlleva mucha sabiduría. De una manera no tan drástica, hago esto con mi trabajo. Después de impartir una clase, me quedo unos minutos a tomar notas sobre lo visto y lo que no hicimos, agrego esto último a mi plan de clase para la próxima sesión y ajusto lo necesario para incluir otros aspectos o preguntas especialmente útiles que pudieran ayudar a futuros alumnos. Ernest Hemingway terminaba un día de escritura a mitad de la oración para que siempre pudiera partir de ahí: una manera de cerrar la tienda por hoy y dejar un camino despejado para mañana. Cal Newport menciona tener un ritual cuando termina un trabajo en su libro *Deep Work*. Esto también es una forma de ordenar tras concluir una actividad, antes de concentrarse en otra.

Cuando nuestro día se torna al caos que la vida crea de manera natural, vale la pena elegir qué área de nuestra vida dejar lista para mañana. Nuestro yo de mañana lo va a apreciar mucho.

HAZ QUE LO INCÓMODO SE VUELVA CÓMODO

Un amigo nadador, que de manera regular nada en el helado Atlántico, sin traje de neopreno en enero, ha dicho sobre esto: «Es una batalla cada vez que lo hago, pero te vuelves mejor para luchar contra ella». En sus primeros días, cuando salía, se recompensaba a sí mismo con café humeante, un baño y una toalla caliente que me probé una vez y quise de inmediato. Pero ahora dice que la verdadera recompensa es estar en el agua misma. Tarde o temprano, lo que conviertes en un hábito comenzará a ofrecer sus propias retribuciones.

Considera qué actos o abstenciones de actos requieren mayor disciplina. El sufrimiento no es divertido para nadie, aunque puede ofrecerte enseñanzas la mayoría de las veces. Procura que tus rituales diarios sean lo más cómodos posible. En especial los difíciles e importantes.

Yo no voy a mi escritorio a menos que me sienta en un ambiente cálido. Necesito botellas de agua, calcetines y café calientes para que me quede quieta durante una hora.

¿Qué es lo que te hace sentir cómodo a ti? Si se trata de ejercicio, ¿puedes hacerlo más divertido al practicarlo con un amigo, al prometerte un delicioso café con leche después o un masaje luego de correr 20 km? ¿O solo necesitas elegir un gimnasio que te guste? Si es en casa, ¿puedes comprarte un tapete de ejercicio y una banda elástica? Concédete estos beneficios.

Si detestas algún asunto administrativo de tu trabajo, ¿puedes tener un consuelo de alguna manera? Como un martes de facturas y cerveza. ¿Quizás limpiar tu bandeja de entrada en una habitación con una buena vista o en una mesa con un amigo y una cita divertida programada para después? ¿O destinar un momento del día para que te refresques y te sientas bien cuando realices estas tareas? Descubrí que el simple hecho de cambiar mi día para revisar los asuntos administrativos a un café los viernes por la mañana, cuando puedo escuchar el agradable murmullo a mi alrededor y pedirle a otra persona que prepare el café, me da energía para hacerlo temprano y rápido, y significa que el resto del fin de semana queda libre.

Si quieres acostarte más temprano, tal vez puedas hacer que tu recámara sea más atractiva. Elimina la luz demasiado brillante o compra una almohada cómoda. Las sábanas limpias y una habitación aseada hacen la diferencia.

Si quieres ser más sociable, pero no pretendes ser anfitrión, ¿cómo puedes hacerlo más fácil para ti? ¿Puedes hacer planes fuera de casa en lugar de que tú tengas que hacerlo todo? ¿Llevar comida a casa de otra persona, ahorrándole tiempo? ¿O invitar a los amigos a reunirse en un parque?

¿Puedes hacer que cualquiera de tus trayectos diarios (a la escuela, al trabajo o a compromisos regulares) sean más cómodos? No me gustaba conducir al trabajo y tener que buscar estacionamiento en el Centro; luego descubrí el placer de trasladarme en autobús. Piensa en cómo podrías aprovechar el trayecto para pensar, hablar, aprender, ¡escuchar audiolibros!, o cualquier actividad que disfrutes.

Haz lo que sea necesario para hacer de lo incómodo algo cómodo.

Aprovechando todo lo anterior, o solo adaptando uno o dos de tus actividades favoritas, tienes un marco para disfrutar de los días ordinarios, para estar en el aquí y ahora sin estrés ni preocupaciones innecesarias, y continuar con tu vida bien editada en la dirección que has elegido.

EJERCICIO DE EDICIÓN DE VIDA

1. Haz que tu conspirador y pantalonero internos se alineen. Haz dos listas. En la primera escribe situaciones donde seas conspirador por naturaleza y en la segunda donde prefieras ser pantalonero. Quizás te guste planear tus vacaciones con antelación para que puedas vivir en ello más tiempo a través de la anticipación. O a lo mejor eres lo opuesto. Te gusta vivir en el presente, vivir en casa cuando estás en ella, y cuando estás de vacaciones sentirte abierto a cualquier posibilidad. Ve si estas dos listas se ajustan a tu vida. Puedes llevar esto un poco más allá. Recuerda un plan en tu vida en el que hubo sorpresas positivas o negativas, ¡o ambas! Observa cuál fue el cambio principal que ocasionó dicho asombro. ¿Cómo terminó la historia?

2. Ponte metas finales, tanto a cinco como a 10 años. Escribe tus objetivos a cinco y 10 años, divididos en cualquier categoría que te resulte útil (yo pongo trabajar, amar, jugar, aunque puedes ser más específico). ¿Cómo te sentirás al haber alcanzado estas metas? ¿Quién serás si actúas en esta dirección y usas estos objetivos como la brújula de tu vida? ¿Qué acciones diarias, semanales, mensuales o anuales te ayudarán a convertirte en esa persona? Por ejemplo, si deseas ser un fotógrafo profesional, es probable que tomar fotos esté en la lista diaria; en la lista semanal, tal vez planees un poco lo que vas a fotografiar para la próxima semana; en la lista mensual, es probable que intercambies tu trabajo con otros para obtener retroalimentación; y en la lista anual, es posible que reserves una semana para enviar tu mejor trabajo a revistas o concursos.

3. Dibuja el sistema solar de tu vida. Traza una serie de círculos (ve el modelo en la página 155; se parece un poco a una diana de tiro con arco). Coloca tus objetivos físicos, familiares, profesionales y otros en sus lugares apropiados: los objetivos más importantes van en el exterior del círculo más alejado, el trabajo diario (o el mínimo diario) en el centro de la diana. ¿Se siente equilibrado? ¿Las semanas y las temporadas se advierten demasiado pesadas o muy ligeras? Acomoda cada elemento en cada círculo hasta que el equilibrio te parezca correcto.

4. Establece tu mínimo diario. Calcula cuánto tiempo te tomará en un día normal alcanzar tu mínimo diario. ¿Puedes imaginar una rutina que dure menos de una hora? ¿O incluso 30 minutos? Recuerda que el punto es que lo puedes hacer todos los días y que no requiere mucho tiempo. Así es exactamente como debería ser. Haz que tu mínimo diario sea fácil y atractivo para que se convierta en un hábito que disfrutes.

5. Haz una lista de «no hacer». ¿Qué usos de tu tiempo simplemente nunca son buenos, incluso si tienes mucho tiempo libre? Toma nota de ellos para que sean fáciles de detectar y puedas evitar involucrarte. Y cuando caigas por accidente en una madriguera de conejo con ellos, revisa esta lista y toma nota en tu modelo de círculos concéntricos diario sobre las acciones y los pasatiempos con los que puedes reemplazar aquellos hábitos que te hacen perder tiempo.

6. Involucra a tu yo de mañana. La próxima vez que te enfrentes a una tarea que realmente no quieres hacer en ese momento, habla con tu yo del mañana. Pregúntale: *¿qué quieres estar haciendo?* Tal vez sea esto mismo, con más tiempo y ocio. O puede ser algo completamente diferente, en cuyo caso verás la verdadera razón por la que es mejor hacer la tarea de hoy cuando corresponde. Al respetar el tiempo y los deseos de tu yo de mañana, y al darte cuenta de que este yo de seguro estará ahí mañana sintiéndose molesto o agradecido por las acciones de tu yo de hoy, te sentirás menos propenso a evadir y posponer las tareas.

7. Haz que lo incómodo se vuelva cómodo. Elige algo que necesites hacer, ¡pero que en verdad no quieres o que tengas problemas para comenzar! Piensa en algunas formas sencillas en que puedes cambiarlo para que lo disfrutes más. ¿Cómo puedes invertirlo con algún placer o incentivo más inmediato? Esto también se puede revertir para obtener un gran efecto en el ámbito del crecimiento y la valentía. Intenta convertir en un pequeño desafío algo que te resulte demasiado cómodo de momento.

8
ACEPTA LAS EXCEPCIONES

*Deja márgenes y
mantén la perspectiva*

El cambio voluntario es un tema. Pero ¿qué pasa con el cambio involuntario? ¿Con esos momentos en los que el mundo cambia sin que lo planees (a menudo de repente, a veces de forma maravillosa, otras de manera terrible) y siempre dejando huellas?

Hay días alegres y días tristes que lo cambian todo y que crean en nuestra vida una especie de antes y un después. Estas son las excepciones. Las recordamos con una claridad casi cinematográfica entre los años de los días ordinarios, que con probabilidad vendrán a nuestra mente de una manera más nebulosa y general. A menudo, cuando las personas recuerdan excepciones infelices, como lo son el sobrevivir a grandes sufrimientos o dificultades, hablan tanto de la compasión como de la claridad que viene con el acto de aceptar la pérdida irreparable y revisar las cenizas para crear una nueva vida. La misma claridad también puede presentarse, con excepciones felices. Hace poco, una amiga se sintió culpable por no estar disponible en las semanas posteriores tras enamorarse de forma repentina.

Ella me escribió: «Te veré cuando regrese a la realidad». Parte de mi trabajo como su amiga fue decirle que no sintiera culpa y le recordé que esta también es su vida real, solo que una parte excepcional de ella. Debemos aceptar que, ante ciertas excepciones, podemos dejar todo lo demás por un hechizo.

Cualquiera que sea la excepción, una feliz o una difícil que nos deja tambaleándonos, hay algunas maneras de cultivar una mentalidad de compasión, resiliencia, gratitud, confianza en uno mismo y disposición a fin de ver el mundo tal como es, junto con una ágil disposición para moverse rápidamente, inclinarse sin caer y tener una perspectiva.

ESTUDIA HISTORIA PARA ENCONTRAR PERSPECTIVA

Una forma valiosa de ver nuestras vidas a través de la lente de nuestra buena fortuna, incluso en días difíciles, es dar un paso atrás y obtener perspectiva. Pregunta ¿cómo se ve tu vida en relación con otras vidas a lo largo del tiempo? Viajar aporta perspectiva porque vemos cómo viven otras personas ahora y cómo han vivido en épocas anteriores. (Ve a cualquier castillo. Las camas de los reyes son menos cómodas que las tuyas).

Me ayuda el hecho de pensar en nuestros antepasados cada vez que veo todo únicamente desde mi modesta perspectiva; cuando siento que algo es una crisis, pero quizás no lo es; cuando veo algo casi imposible, aunque sé que lo podré resolver; cuando veo algo mucho más difícil de lo que realmente es, o al pensar que tengo más control del que realmente tengo.

Ninguno de nuestros antepasados esperaba las comodidades que hoy damos por sentadas. Vivían de forma más sencilla (aunque creo que no tan cómodamente). Sus antepasados vivían de un modo aún más sencillo. Sócrates aún más; Jane Austen, Galileo, Laura Ingalls Wilder y Shakespeare, que sobrevivió a la peste (aunque su hijo murió a causa de ella). Piensa en cada persona que contribuyó con algo importante al mundo tal como lo conoces. ¿No vivieron ellos situaciones más duras que las que vivimos nosotros? ¿Qué tenían en abundancia? ¿Qué no tenían en absoluto?

Los humanos somos ingeniosos, estamos hechos para sobrevivir, hasta que dejamos de serlo. Como cualquier cuerpo animal, nuestros cuerpos saben cosas que están más allá de nuestro control diario, incluso si tratamos de dominarlas con todas nuestras fuerzas. Debemos mantener la perspectiva de que no necesitamos tomarnos tan en serio nuestras tareas, necesidades y responsabilidades cotidianas. No somos Atlas y el mundo no pertenece a nuestros hombros. Si descansamos, es poco probable que nuestro mundo se derrumbe.

En alguna ocasión pasó algo que me abrió los ojos con respecto a mi hogar. Esto sucedió en el supermercado. Había salido en la noche por pañales y avena cuando una empleada me preguntó cómo estaba. Respondí con honestidad; me quejé porque la cocina estaba sucia y no recibía ayuda. Le había dicho la verdad y ella pudo haberme ignorado y dirigirse de regreso su trabajo o solo se hubiera reído por lástima. Pero en cambio, me detuvo en seco al ofrecerme una perspectiva desde fuera. Ella dijo: «Un día tu casa estará impecable. Tus hijos habrán crecido y es posible que hayas sobrevivido a tu cónyuge. Pero estarás sola». Me fui con esa perspectiva a casa, limpié el desorden y besé a mi familia, cobré conciencia y me sentí agradecida de esta etapa por tener a mi familia en casa. Incluso años después, al sentir la tentación de quejarme de la vida que tengo y amo, recuerdo las palabras amables de esta persona. Mantener la perspectiva nos ayuda a ver lo que tenemos (una casa llena de seres queridos) y a no pensar tanto en lo que no tenemos (una cocina impecable sin esfuerzo). Aquello nos ayuda a ver el panorama general.

Hay un principio estoico llamado «visualización negativa», en el que imaginas que todas las cosas de tu vida se han ido, de modo que incluso sus desafíos se sienten como algo que se debe apreciar tal como son. Eso es lo que esta persona me estaba intentando trasmitir. Me ayudó a imaginar cómo serían mis días sin estas hermosas complicaciones que, en realidad, fueron y son mi vida.

Para mí, se siente como lo opuesto al pensamiento positivo, que es igual de útil. Mientras que el pensamiento positivo o esperanzador visualiza nuestros mejores escenarios de vida realistas (¡todos en casa aprenden a cooperar y mantener una casa limpia para que podamos disfrutar unos de otros!), la visualización negativa ofrece el peor de los escenarios realistas: cómo sería la vida si todo lo que tenemos desapareciera (sin casa, sin familia, sin amor, sin platos, sin comida). Con estas grandes diferencias, estos dos modos de imaginación pueden ayudarnos a ver el rango de lo que es posible en nuestras vidas tal como son.

Vale la pena intentar participar en ambos ejercicios de pensamiento cada vez que necesites replantear algo. Estas reflexiones nos ayudan a prepararnos tanto para lo mejor como para lo peor mientras disfrutamos del presente. Nos auxilian a enfocar nuestra atención e involucrarnos al 100% en nuestras vidas y nos alejan de lo que está fuera de nuestras manos, como las noticias del mundo o el futuro de nuestros hijos, y en lo que podría no valer la pena desperdiciar nuestra energía al tratar de controlar de manera constante, como la costumbre de nuestra pareja de dejar los calcetines en el baño. Es un ejercicio simple para sentirnos agradecidos por la abundancia de lo que tenemos; maximizar lo que es positivo en nuestras vidas y deshacernos de nuestra molestia por lo que en última instancia no importa al minimizar lo que es negativo.

Tengo entre mis amigos más cercanos a un sorprendente número de centenarios, personas vivas y florecientes a los cien años. Cuando estaba escribiendo una biografía de mi abuelo, que vivió hasta los 103 años, comencé a investigar qué dice la ciencia sobre los centenarios. Me obsesioné (apuesto a que, si comienzas a leer sobre ellos, te pasará lo mismo porque vale la pena profundizar). Además de los aspectos estudiados con frecuencia por los científicos (tipo de alimentación, ejercicio y formas de socialización), también es notable la simplicidad de sus vidas y su capacidad para mantener la perspectiva: conservar la calma y continuar, sin importar lo que la vida les depare.

Los estudios de los ámbitos relevantes sobre los centenarios, a los que algunos científicos se refieren como «zonas azules», muestran que las personas más longevas del mundo habitan en viviendas más pequeñas y humildes de lo que los estadounidenses esperan habitar hoy en día; dependen hasta cierto punto de la medicina moderna para mantenerse saludables, pero lo principal está en el sentido común, alimentos integrales, mucho tiempo con los amigos, una vida sin estrés y ejercicio diario. Hacen trabajo a mano que dejamos a las máquinas, como amasar el pan o barrer el piso. A medida que envejecen, no son trasladados a residencias de ancianos, sino que se mantienen en el seno de una familia multigeneracional donde ayudan en las labores del hogar: cocinar, apoyar en los quehaceres diarios, cuidar a los niños y otras tareas físicas y mentales. En resumen, los centenarios tienden a vivir vidas sencillas, bien editadas y físicamente activas con las personas y la comunidad.

De hecho, así es como la gente ha vivido durante milenios. Las comunidades con el porcentaje más alto de personas longevas simplemente tienen estos hábitos saludables integrados en su cultura. Estas personas nacieron antes que los aviones, los pañales desechables y las aspiradoras de última generación. Según los estándares de hoy, han vivido vidas humildes en su comodidad y expectativas, pero vidas de gran generosidad en términos de sus necesidades. De hecho, esta población es ejemplar por mantener la perspectiva: ver lo bueno en sus vidas y sentir su propio propósito, mientras aceptan la tarea de hacer lo que les corresponde.

Mi abuelo fue uno de ellos. Mantuvo muchas buenas amistades al llamar a sus antiguos alumnos en sus cumpleaños; usó su cuerpo como una máquina en lugar de subcontratar el trabajo físico a otras personas o máquinas hasta bien entrado en sus 80 años: empujaba autos averiados, cortaba su propio césped y trepaba al techo para destapar un desagüe. Mi papá recuerda una historia cuando, después de una operación de hernia, el médico le dijo a mi abuelo que no podía conducir, consejo que él siguió. Pero cuando el auto de un extraño se detuvo, ¡mi abuelo salió corriendo del restaurante para empujarlo!

Me inspira pensar en vidas como estas y me hace más humilde. ¡Vivo una vida en 2D en comparación! Pero me ayuda a ver las opciones que tengo y cómo podría trabajar con ellas. Si puedo probar una forma más sencilla, debería hacerlo. Si puedo decir algo amable antes de hacer una corrección o una solicitud, lo tomaría en cuenta. Si puedo llevarle la cena a un amigo enfermo, en lugar de solo ocuparme en todos los pendientes de mi día, también podría hacerlo. Si puedo ser la máquina en lugar de tener una máquina (caminar en lugar de conducir, por ejemplo, o visitar a una vecina en vez de enviarle un mensaje de texto), lo haré. Si puedo aligerar incluso una de mis dependencias, debería hacerlo. Si puedo ser menos codiciosa y más generosa, lo haré. Si puedo ver un «nosotros» antes que un «yo», este experimento de edición habrá sido un éxito.

Y cuando todo lo demás falla, si miras alrededor de tu vida, como todos lo hacemos, y tienes *ese día* y olvidas toda perspectiva y sabes que se aproxima otro aprendizaje de una vieja lección familiar, deja lo que estás haciendo y observa a alguien joven. Porque, como la autora Rachel Clarke escribió en sus memorias: «Nadie es capaz de habitar el presente como esas figuras del ahora, nuestros hijos».

> Lo que tenemos es hoy...
> y tal vez mañana.

Y esto ya es algo.

SÉ PORTÁTIL

Para viajar bien, debemos viajar ligeros. Una vez un maestro dijo: «Venimos al mundo con las manos vacías y lo dejamos con las manos vacías; así que no tenemos nada de qué preocuparnos, nada que perder, nada que temer». Una amiga dijo, en el mismo sentido: «La vida es una serie de úteros». Antes de nacer, nuestro alimento y nuestro hogar existen en una sola persona: nuestra madre. Vivimos ahí hasta que somos demasiado pesados para cargar, y luego salimos de ese útero y pasamos a otro, luego a otro, y luego el útero final es la muerte. En ambas reflexiones se mantiene el mismo punto: incluso si quisiéramos, no es posible quedarnos en un solo lugar manteniendo la misma postura. La portabilidad está inculcada en nosotros.

Portabilidad proviene del latín y significa «llevar»; es la cualidad de ser ligero o lo suficientemente pequeño como para ser llevado de manera fácil. La portabilidad importa no solo a través del lugar, en términos de viajes por medio de la geografía, sino también a través del tiempo, mediante viajes por diferentes épocas y temporadas de la vida.

Vivir una vida editada es estar preparado para tiempos excepcionales, momentos en los que debes hacer todo lo posible para cumplir con una fecha límite, o cuando te enamoras y desenamoras, o cuando te das cuenta de que una persona o una situación te necesita ahora, y debes dejar todo lo demás a un lado. Una excepción es cuando debemos lidiar con nueva información, ya sea un ascenso laboral o un diagnóstico inesperado. Debemos cambiar de táctica, ya sea para bien o para mal.

Con frecuencia, las excepciones son un *shock* para nuestro sistema. Sugieren que una etapa está por terminar y nos recuerdan que un día ya no estaremos. No hay nada como la conciencia de nuestra mortalidad para ayudarnos a ver el panorama general. La buena y antigua idea del *memento mori* de que un recordatorio de la muerte es un catalizador para vivir de manera plena y con respecto a la brevedad de la vida.

Vivir de forma portátil nos recuerda editar ahora. No esperes hasta la muerte, la riqueza, o hasta que tengas más tiempo. Edita ahora. Edita siempre.

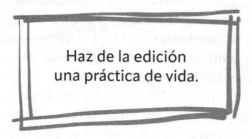

Haz de la edición
una práctica de vida.

Para obtener algo consistente y efectivo en la medida de lo posible, se necesitan muchos borradores: una lista de lo necesario, un poema, una rutina diaria, una relación o tu botiquín de primeros auxilios. Todo el exceso y gran parte de la indecisión se aclara con el tiempo cuando regresas de vez en cuando para mirarlo de forma crítica y cuidadosa.

Una vida editada es portátil por naturaleza. Al practicar ser portátiles, disfrutamos de nuestras vidas mientras las vivimos, y nos desprendemos fácilmente cuando debemos hacerlo. Esta forma de desapego es siempre la sabiduría más esencial de la vida, fácil de decir, pero que implica el valor de toda una vida de trabajo para practicar.

REESTRUCTURA TUS ANDAMIOS

Cuando nos enfrentamos a una excepción, aprendemos con rapidez que gran parte de nuestra vida la construimos con andamios en caso de que toda la estructura se derrumbara, incluso en su forma editada. Por ejemplo: el cónyuge que está de reserva es llamado al servicio activo; el hijo se va a la universidad; o el perro que tanto amas debe ser sacrificado. La estructura en torno a estas relaciones ya no es necesaria, como las citas semanales con el cónyuge, la crianza activa de un hijo que vive en la casa familiar o los paseos cotidianos al parque para mascotas. Lo que una vez fue ya no es más o cambió.

Esto se correlaciona con algo que sé de la edición: a veces necesitas de andamios para encontrar la forma correcta, pero cuando estás listo ya no te son necesarios. Es el caso de las hojas de laurel en una sopa que están ahí para dar sabor, pero no nos interesan las hojas en sí mismas.

Aprendí esta lección de otra manera cuando acepté el proyecto de escribir la biografía de mi abuelo, un minero de carbón convertido en ingeniero químico. Esta tarea recayó en mí en un momento excepcional. Tenía un recién nacido cuando comencé el proceso de escritura. E incluso sin un recién nacido y la falta de tiempo, sueño y claridad de pensamiento, yo escribía poesía, no biografías. No tenía idea de cómo hacerlo.

Me parecía engorroso el género de la biografía, como si fuera a tambalearse y colapsar en el momento en que intentara levantarlo; además, no tenía un entendimiento científico claro sobre el punto medular de su vida. Pero un día me di cuenta de que la historia de su vida hizo eco en un cuento de hadas muy conocido: «Jack y las habichuelas mágicas». Se trataba de un niño que salió de las minas y se enfrentó a algunos gigantes en el camino para traer riquezas y esperanza a su familia y comunidad. Así que delimité mi problema de investigación y luego solo escribí su vida tal como la conocía, encajando en la ciencia que entendía y agregando la abreviatura XX para lo que necesitaría completarse más adelante. Entre cada capítulo, escribí breves narraciones de Jack y el gigante. ¡Fue divertido! A medida que avanzaba, descubrí que me encantaba escribir su vida desde que nació hasta los cien años. Una vez a la semana lo llamaba para hacerle preguntas que solo él podría responder y las entretejía en el cuento de hadas. Cuando terminé el borrador mi recién nacido ya era un niño pequeño. Más tarde, contraté a un asistente de investigación para que me ayudara a obtener toda la información científica correcta. Muy orgullosa le mostré el libro terminado a mi maestra de escritura. «Bien hecho», dijo ella. «Ahora puedes sacar todos los cuentos de hadas».

Al principio me resistí. Me encantaban los cuentos de hadas. ¡Estos hicieron posible que se escribiera el libro! Pero mi público objetivo estaba formado por ingenieros químicos, los alumnos de mi abuelo, y querían leer sobre él, no sobre frijoles y gigantes. Mis andamios me habían permitido dar forma al libro y este aún se mantenía sin los cuentos de hadas. Una analogía física sería un ligamento débil. Como cuando utilizas un aparato ortopédico y fortaleces los músculos que lo rodean para que siga siendo funcional.

Lo mismo se aplica a tu vida. ¿Qué andamios soportan el peso de las estructuras de tu vida? ¿Qué harías si los andamios se resquebrajaran debido a fuerzas externas? Explora las formas en que los hábitos de tu vida, su musculatura, por así decirlo, mantienen lo que te importa. ¿Hay que desmontar algún andamio viejo? ¿Algún andamio actual soporta demasiado peso?

El reestructurar nuestros andamios nos permite crear nuevos, en caso de que sea necesario para soportar más etapas. En la actualidad, yo tengo un andamio personal para marcar las etapas. Como cualquier práctica personal, es muy específica a mis propias necesidades. Es una forma de revisar la temporada que ya terminó y ajustar mi vida para la próxima etapa y las sorpresas que pueda traer. Tu rutina de temporadas puede incluir jardinería, nietos, voluntariado, campamentos u otro tipo de viajes. Aquí está la mía:

- Leer la sección de ánimos. Un documento en el que mantengo palabras de aliento de mis seres queridos.

- Cambiar la ropa fuera de temporada.

- Actualizar la lista de tareas. Clasificarla: ya sea terminar pendientes o desechar.

- Ponerme en contacto con amigos queridos y a quienes no he visto últimamente.

- Agendar citas para el cuidado personal y la salud.

- Asegurarme de que cada uno de mis hijos practique algún deporte o realice una actividad artística.

- Planear aventuras familiares de temporada y anotarlas en el calendario.

- Revisar los últimos tres meses de mi calendario, solo para ver lo que está registrado.

Siempre tendremos andamios en nuestras vidas, pues son una forma de mínimo diario para nuestros meses y años, y bien vale la pena examinar si el andamio es tan estable como necesitamos que sea, si requiere mantenimiento y si soporta lo que todavía queremos que se mantenga.

En temporadas excepcionales, a veces todo lo que tenemos son los andamios y nos vamos a aferrar a ellos como si fueran un bote salvavidas, ya que estos nos mantendrán a flote. Otras veces, nos daremos cuenta de que podemos flotar lo necesario sin ellos, y luego podremos soltar algunos de los andamios y enfrentar nuestras vidas de forma independiente.

INCLÍNATE SIN QUE TE VUELQUES

A veces nos inclinamos hacia un lado o hacia el otro. En un velero, la forma correcta de inclinarse sin que te vuelques es despotenciar la vela. El viento te derriba tan cerca que puedes ver tu reflejo en el agua, así que disminuye la velocidad y la embarcación se estabilizará, luego comienza de nuevo lentamente. Esto requiere ligereza y agilidad, así como destreza para manejar las cuerdas.

Si no corregimos la inclinación, esta se convierte en un problema. Un día o una semana sin ejercicio no es una verdadera crisis, pero un año lo es. Podemos sobrevivir si descuidamos alguna parte de nuestra vida por un día. Si la abandonamos una semana, puede tomar algún tiempo para arreglarse, pero podremos solucionarlo. No obstante, si nos alejamos un tiempo considerable de lo que más importa, habrá consecuencias. Podemos disculparnos y repararlo... pero es mejor si no nos volcamos.

Esta semana he estado trabajando horas extra, pero la próxima semana haré una pausa para estabilizarme. Así estaré disponible para mis seres queridos. Debemos ser capaces de distinguir lo que debe suceder hoy y lo que puede pasar en otro momento, al igual que ser creativos y saber lo que es esencial y lo que se puede dejar ir.

Cuando James y yo nos convertimos en padres sabiendo muy bien que sin duda tendríamos algunos vuelcos importantes, creamos un plan para utilizar el botón de pánico. Si alguno de nosotros se sentía 70% abrumado cuando nos tocara cuidar al bebé, llamaríamos al otro de inmediato y le diríamos: «¡Ayuda!». Entonces intercambiaríamos roles. Nunca abusamos de este privilegio, pero ambos lo usamos para evitar hundirnos; calculo que no más de seis veces cada uno. A veces significaba tener que cancelar algo relacionado con el trabajo o algo muy divertido para volver corriendo a casa con el bebé y el cónyuge estresado. Pero cuando piensas en los efectos secundarios de estar totalmente abrumado, vale la pena hacer una pausa antes de llegar a ese límite y dejar que otra persona te apoye ese día, para darle tiempo a la persona abrumada de reiniciarse.

También tenemos una clave familiar cuando estamos juntos en algún lugar y una persona está lista para irse. Lo llamamos «el elefante», e imitamos la trompa del animal en cuestión con el movimiento de un brazo. No es nada sutil y lo respetamos por completo. James y yo desarrollamos esta señal después de que nos dejaran por accidente en el Zoológico de San Francisco, cuando íbamos a una boda, nuestros acompañantes se fueron sin nosotros. Podríamos habernos quedado ahí toda la noche entre los elefantes si la madre de la novia no hubiera hecho un viaje para recoger más regalos y nos encontrara por casualidad. Así que, desde entonces, usamos este gesto para evitar quedarnos atrapados. Siempre nos vamos «al primer elefante» si una persona está lista para partir y estamos en el mismo coche. Ahora los niños también tienen la edad suficiente para usar este método. Nos vamos antes de vacilar y antes de que perdamos nuestro encanto.

Ningún día saldrá igual a lo planeado y algunos se inclinarán más a un lado que a otro. La próxima vez que sientas que no hay un equilibrio, intenta pausar, desacelerar y reducir el poder de la situación al evaluar qué tan inclinada está en realidad y trata de obtener una perspectiva clara de lo que debes hacer a continuación. Luego, corrige el declive tan pronto como estés listo.

Siempre habrá viento que nos empuje de un lado a otro. Nos toparemos tanto con sorpresas como con desafíos en nuestro camino. Construye en tu vida algunos acuerdos o señales con las personas que amas que te permitan hacer esto de manera fácil. Si podemos despotenciar una situación e inclinarnos juntos para evitar un vuelco, entonces todos permaneceremos en el barco.

PERMITE MÁRGENES AMPLIOS

Nunca seremos perfectos y nunca terminaremos de editar. Por lo tanto, parte de una vida bien editada significa dejar margen para el error, para el crecimiento y para cualquier otra cosa que surja.

En una vida sin márgenes, pasamos mucho tiempo tratando de ser perfectos. Cuando el tiempo es limitado, hay que considerar los minutos exactos; cuando el dinero es escaso, tenemos que invertirlo con cuidado. Pero si dejamos márgenes amplios, si somos amables y razonables, y vivimos una vida bien editada como práctica general, estamos bien protegidos ante esos días en que nos caigamos del barco.

Solo así podremos relajarnos y dar lo mejor de nosotros sin miedo.

Los márgenes son una forma de estirar el día: planificarlo no en su totalidad y dejar abierta la otra mitad para lo que venga. Lo ideal es que, tanto en el trabajo como en el ocio, dejemos algunos momentos libres al día. En un mes, podríamos tener algunos días abiertos. En un año, bien vale dejar determinadas semanas en blanco de forma estratégica. Los márgenes en un día son como los agujeros adicionales en un cinturón. Cuando comes lo suficiente no los necesitas, pero de vez en cuando... ¡te alegras de tenerlos! Cuando somos perfectos, y cuando los que nos rodean también lo son, no los necesitamos. Pero en general, no lo somos, por lo que este modelo permite el perdón, la elasticidad y la soltura.

Los márgenes de tiempo son un desafío especial para mí porque me encanta llenar mi día al tope y a veces lo hago, pero reconozco que en ocasiones ando apurada y no disfruto totalmente de ninguna de las actividades que elegí. Sigo haciéndolo porque descubro que, si mi día está lleno, es más probable que haga una actividad y luego otra, sin postergar ninguna de ellas por el solo hecho de tener tiempo para hacer la siguiente.

El mínimo diario lo hace posible. Ya hicimos lo más importante, por lo que el resto del día puede venir hacia nosotros, como una hermosa bestia salvaje y tendremos la capacidad de rastrearla o al menos abrirnos paso. Si todo sale mal a las 10 de la mañana, al menos para la hora del desayuno, ya avancé con dos o tres tareas importantes. Los días bien delimitados con márgenes significan que puedes trabajar duro a primera hora y relajarte por las tardes y noches, y que idealmente puedes adelantarte a tu horario, sin retrasarte.

Los márgenes son muy útiles para pensar en nuestra vida financiera. ¿Qué necesitas dejar intacto en tus ahorros por si acaso? ¿Puedes poner un porcentaje de tus ganancias directamente en una cuenta de ahorros y pensar en el resto como lo que puedes gastar? Luego, durante los meses de gastos considerables, reparaciones costosas o vacaciones derrochadoras, puedes inclinarte sin hundirte porque dejaste márgenes muy amplios.

Nunca estaremos a salvo de contratiempos, pero podemos hacer todo lo posible para controlar lo que está en nuestras manos, y dejar a un lado la preocupación. Si planificamos nuestras vidas sin márgenes, nunca sentiremos el placer de deambular en el caos feliz y en el futuro prometedor e inexplorado. Si tratamos de controlarlo todo, nunca nos dejaremos seducir por la sabiduría de enfrentar las excepciones con humildad, curiosidad y gracia. Cuando editas tu vida, piensas en su verdadera forma. En aumentos simples, duplicas lo real para encontrar lo ideal. Los márgenes dan lugar a la sorpresa, a la espontaneidad y al crecimiento.

EL 80% ES SUFICIENTE

Para cuando llegues a este punto del libro, habrás hecho el trabajo y construido los límites. ¡Hurra! Esto es digno de celebrar. Por supuesto, a veces te descarrilarás, y eso está bien, porque tienes las habilidades para recomponerlo. Una amiga, exatleta profesional, dice: «A veces, la maestra debe romper las reglas que se ha impuesto a sí misma».

De vez en cuando surge la tentación de perfeccionar algo incluso antes de comenzar. Los rubros en los que soy más susceptible al perfeccionismo son la gestión del tiempo y la alimentación saludable. Los primeros consejos que seguí sobre ser organizada con respecto al tiempo me ayudaron bastante, pero ahora mejorar la gestión de mi tiempo no es el mejor uso de este. En cuanto al ámbito de la alimentación saludable, durante una década leí libros sobre ciencia de los alimentos y nutrición, visité naturópatas e hice preguntas detalladas para poder aprender de los médicos. Luego, un día me di cuenta de que sabía lo suficiente. En realidad, no fue así. Una amiga nutrióloga, a la que interrogaba sobre las verduras crucíferas, puso su mano sobre mi brazo y me dijo de manera sutil: «¿Sabes?, tu preocupación por comer bien es peor para ti que solo ser imperfecta». Tenía razón.

Laura Vanderkam, experta en gestión del tiempo, señala de manera sabia, que a veces debemos «maximizar» algo (dar lo mejor de nosotros y un extra), y en otras ocasiones podemos darnos el lujo de «satisfacerlo» (dejar que lo suficientemente bueno sea lo suficientemente bueno). Hay aspectos en nuestras vidas que no debemos de convertir en santos griales, sino tan solo dejarlos ser.

No hay problema si, durante una semana o un mes, nuestro método se desmorona (o cuando *nosotros* nos desmoronamos), siempre que el 80% del tiempo respetemos nuestros límites, entonces podemos limpiar el desorden y volver a la normalidad. La sabiduría para dejar que el 80% sea lo suficientemente bueno es fundamental para disfrutar el viaje, confiar en uno mismo y en los seres queridos, y ser dueños de nuestros días y nuestras vidas, por desiguales e imperfectas que sean.

Porque la vida está llena de caos: puñados de arándanos enviados a la lavandería, discusiones, enfermedades o meses en que nos quedamos cortos cuando vencen las facturas. Debemos esperar estos eventos. Es necesario presupuestar nuestro tiempo, dinero y energía de manera diaria, anual y mensual para darnos el lujo de estar un poco confusos en el día a día. El 80% está bien. Nos ayuda a aceptar nuestra humanidad.

Con los quehaceres del hogar, el 80% tiene que ser perfecto, en especial cuando se vive con niños, mascotas o compañeros de casa desordenados. Como cuando mi esposo le pregunta a nuestro hijo, «¿Barriste con todo tu corazón?». «Sí», responde mi hijo, con la cara seria y con la escoba en la mano, rodeado de confeti y una cáscara de plátano pisada. No tenemos una respuesta lista debido a que solo somos perfectos en un 80%, pero esto deja espacio para que su hermana intervenga antes que nosotros al preguntarle de modo amable: «¿Puedo ayudarte a mirar una vez más?».

Reservar el 20% en cualquier aspecto de la vida requiere que confiemos en nosotros mismos, nuestras familias, nuestros cuerpos y nuestra comunidad. La lucha por la perfección es un acto que nace del miedo, no del amor, y ciertamente no de la confianza en uno mismo. Puede parecer imposible ser 100% vegetariano, pero ¿qué pasaría si tuviéramos el objetivo de ser un «vegetariano imperfecto» y comer de esa manera el 80% del tiempo? A lo mejor eso se sentiría fácil y satisfactorio. También podrías ser un «madrugador imperfecto», un «meditador imperfecto», un «lector de cuentos para dormir imperfecto» o un «abstemio imperfecto». Hay muchas opciones. Puede parecer que cualquiera de los métodos de este libro está muy bien, pero ¿quién puede hacerlo todo el tiempo? No te preocupes por eso. Pruébalo durante el 80% del tiempo en una semana, o día, o en la próxima hora. Crea los márgenes necesarios para sentirte seguro, contento y esperanzado.

Solo me queda decir: no te preocupes demasiado por tu vida. Confía en que dar en el blanco el 80% de las veces es un excelente lugar para apuntar. Esto es a la vez un beneficio y un objetivo de una buena edición de vida. Eres libre de preocuparte menos. Puedes ver tu vida con claridad, tanto en las buenas como en las malas, y puedes amarla tal como es.

EJERCICIO DE EDICIÓN DE VIDA

1. Prueba la visualización negativa y positiva. La próxima vez que te sientas molesto o temeroso de algo, haz un experimento mental de llevar esta irrupción a sus extremos tanto positivos como negativos. A lo mejor tu vuelo se retrasó. Por el lado positivo, esto podría darte tiempo para platicar íntimamente con un extraño, quien termina ofreciéndote una fabulosa oportunidad de trabajo y presentándote a su hija, la cual se convierte en la mejor amiga que hayas tenido. Por el lado negativo, podrías faltar a tu reunión de trabajo, ser despedido, luego quedarte sin dinero y tener que vender tu casa, en cuyo caso tu cónyuge se hartaría y te dejaría. La realidad de nuestras vidas suele estar entre estos dos extremos: uno es la fantasía y el otro es lo opuesto a una fantasía (¿quizás podríamos llamarlo *antasía*?), pero pensar en ambos a detalle puede ofrecer una perspectiva útil.

2. Retira algo de tu banco de preocupaciones. ¿Hay algún aspecto de tu vida del que te preocupes de más, en el que algo sea lo suficientemente bueno y te estés entrometiendo al tratar de convertirlo en el Santo Grial? ¡Yo soy susceptible al tratar de hacer que mi calendario sea perfecto, lo que, por supuesto, implica un tiempo valioso de lo que se supone que debe ir en mi calendario! ¿De qué te preocupas demasiado o (quizás de forma innecesaria) tratas de convertir algo en el Santo Grial? Tal vez es algo en lo que piensas mucho, pero que no es tan importante hacerlo. O es probable que intentes controlar algo, o a alguien, que no es posible gobernar. Escribe cualquier parte de tu vida que no pertenezca a tu lista de preocupaciones o que esté lo suficientemente bien como está.

3. Piensa en las veces que has tenido que ceder. ¿A qué cedes en tu vida? ¿Luchas todos los días con alguna parte de ti, como tu cabello? ¿Puedes dejar que tome su forma natural? ¿Hay momentos en el pasado en los que has tenido que ceder al tratar de controlar algo y has sido mejor por ello? Mira en retrospectiva e intenta identificar estos momentos, de modo que cuando tengas que volver a ceder en algo, esto lo veas como entradas hacia nuevas formas de ligereza y facilidad.

4. Deshazte de los andamios. Mira en tu vida e identifica los andamios. Tal vez sea un objeto: un cesto de ropa para una carrera que empezaste, pero que decidiste no seguir. Al regalar los trajes, te despojas de la ropa que no necesitas y de aferrarte de manera innecesaria a un camino de vida que, hasta donde sabes ahora, nunca tendrás que tomar. ¿De qué andamios emocionales o hábitos basados en el miedo podrías deshacerte? ¿Te ríes de nervios porque tienes miedo de escuchar bien? ¿Dices que sí demasiado rápido por miedo a ofender? Mira a tu alrededor en busca de hábitos que colocas como andamios y pregúntate: *¿puede mi vida mantenerse sin ellos?*

5. Habla en voz alta de los márgenes. Observa dónde podrías expandir los márgenes en tu vida: en cuanto a las finanzas, al tiempo, al sueño. Cualquier cosa que se te ocurra. Haz una lluvia de ideas con un amigo o familiar sobre cuáles podrían ser estos márgenes. Diseña señales, recordatorios o límites que puedas utilizar para acordarte de respetarlos.

6. Crea una lista de lo práctico versus lo perfecto. Haz una lista de todo lo que haces en un mes normal: ¿qué es práctico y qué necesita ser perfecto? Una comida no tiene que ser perfecta, a menos que la sirvas a la reina. Un partido de tenis con un amigo no tiene que ser perfecto, aunque buscas la perfección en una gran jugada. Un proyecto de trabajo puede necesitar ser perfecto, o no, dependiendo. ¿Hay algún lugar en el que te esfuerces por la perfección donde el 80% funcionaría igual de bien?

DESPEDIDA

Bueno, aquí estamos. Estas habilidades para la edición de la vida son tuyas ahora. Ya has pensado la forma que podría tomar tu vida. En incrementos simples, has manipulado lo real para encontrar lo ideal; has dejado márgenes para la espontaneidad, la autocorrección, el crecimiento y la sorpresa. Tienes la capacidad de editar tu vida, cualquier parte de ella en cualquier momento.

Con estas habilidades que has practicado y el conocimiento que has adquirido, puedes confiar en ti mismo para disfrutar de tus días. Puedes atender tus primeras elecciones y mínimos diarios, en cualquier momento que elijas. Y añadir al verde. Es posible ver tu vida de manera clara de una temporada a otra y amarla tal como es.

Este es un buen momento para enlistar los recuerdos que deseas llevarte al cerrar este libro y para levantarte a enfrentar tu vida. ¿Qué necesitas menos de lo que pensabas? ¿Qué requieres en mayor medida? ¿Qué se sentiría bien de incorporar a tu mínimo diario y qué se sentiría bien dejarlo fuera? ¿Cuáles dos o tres ediciones de vida necesitas con más urgencia en este momento? ¿Cuáles encuentras interesantes, pero menos urgentes y deseas reservar para un día lluvioso? ¿Hay alguien con quien te gustaría compartir tu viaje de edición de vida en curso?

Al leer esto, ya sabes cómo despojarte de cosas. Sabes que todo es una elección, ya sea desayunar con alguien a quien amas o ir a trabajar solo durante la mañana fría y oscura hasta que te dé hambre. Todas estas son opciones válidas. La vida tiene espacio suficiente para que cada una exista, para repetirse en un largo collar de cuentas del tiempo y para ser recordada.

A estas alturas, también sabes que tu tiempo, energía y atención son tus recursos más valiosos, y al vivir una vida editada, valoras esos recursos tanto como se merecen y los administras bien. Al vivir de esa manera, tu vida inspirará a otros a lo largo de sus propios viajes, en formas que quizás ni siquiera imaginas.

No puedes retroceder el tiempo. Pero sí es posible vivir la vida en temporadas distintas y bien editadas que te dan la oportunidad de disfrutar del mejor verde que tus días tienen para ofrecer y además añadir un poco al verde del mundo. Habrá épocas en tu vida para grandes ediciones radicales, gestos relevantes para que todo el mundo los vea, y épocas para pequeñas ediciones casi invisibles, ediciones personales que nadie ve excepto tú.

Cuando hicimos la edición única de mudarnos al tejado, no teníamos idea de lo que sucedería. Fue una sola edición, pero cambió toda nuestra vida para bien. Si todo lo que puedes editar hoy es tu horario de fin de semana o tu cajón de calcetines, hazlo. Date ese regalo. Confía en que una pequeña edición hoy hará que sea más fácil editar lo siguiente mañana. De hecho, la edición de mañana podría ocurrir de forma orgánica sin siquiera intentarlo.

La edición genera edición.

Casa grande o casa pequeña; ciudad o país; anfitrión o invitado; o cualquier vida que vivas, te has dado el hábito de editar y no desaparecerá tan fácil.

Porque los buenos hábitos son cosas simples que enfocan nuestras necesidades y deseos en una sola dirección: en el aquí y ahora.

Estar aquí ahora, hacer lo mejor que podamos por nuestras vidas hoy y por nuestro mundo hoy, para disfrutar de la vida que tenemos, aceptar sus limitaciones y tratar de no desperdiciarla. Debemos confiar en que hemos editado nuestra vida a lo que necesita ser por ahora, y todo lo que nos queda por hacer ahora es vivir en ella.

Escucho a mi familia despertarse mientras escribo estas últimas palabras.

Imagino cómo entrarán a la estancia principal y tostarán *bagels* para el desayuno. Mi hija extenderá cartulinas sobre la mesa; pondrá su desayuno a un lado de forma ordenada y trabajará durante una hora haciendo una escuela para sus muñecas, y me daré cuenta, y trataré de no decirle cuánto se parece su escuela al tejado. Mi hijo señalará el balón de futbol turquesa cuando salga y lo seguiré para practicar algunos pases de un lado a otro en la fría mañana. Poco después, James se despertará y pondrá música y hará un baile tonto de papá y los niños se reirán como locos y se unirán a él, dependiendo de su estado de ánimo. Les diré que acabo de terminar de escribir un libro sobre todos nosotros y que pueden elegir sus nombres.

«Cora», dirá Cora después de pensarlo un momento, luego volverá a su cartulina.

«¡Moco!», gritará Scott, mirando a su alrededor para ver si ha hecho reír a su hermana. Ella se reirá, él estará satisfecho, luego ella negará con la cabeza y dirá que necesita pensar en algo que no sea tan vergonzoso.

Pasaremos la mayor parte del día en la misma habitación. Si este día es como otros, nos reiremos y hablaremos de grandes y pequeñas cosas. Si es como otros días, tendrá alegría y desafíos.

Agregaremos este día a una creciente torre de días que, esperamos, miraremos hacia atrás y recordaremos con alegría.

No sé si esto es felices para siempre, pero sí es felices ahora. Y me pregunto si «felices para siempre» no es tan solo una serie de días bien editados de «felices ahora».

Te deseo una vida de «felices ahora».

AGRADECIMIENTOS

Gracias a Sascha y a Larry, los guías del alma de este libro. A mi editorial, un equipo de editores de primera elección, y en especial a la cálida y brillante Marian Lizzi; a Nancy, mi hada madrina escritora; y a Josh, que nos mantiene alimentados y con canciones. Siempre a Lynn, quien me enseñó a amar la edición; a mis inspiradores padres y suegros, por apoyar con tanto amor nuestras muchas ediciones de vida (¡una vez que el horror inicial desaparece!); a todos mis amigos que hicieron las preguntas correctas para ayudarme a encontrar mi propio camino. A Kim Cross, cuya vida como escritora es uno de mis modelos más dignos; a Allison, Cat, Eliza, Heather, Jenn, Kel, Laura, Marney, Talaya, Tamrah, Yo-El y mamá, lectores beta extraordinarios; a Laura Vanderkam, cuyos libros han sido mi educación continua durante la edad adulta; a las Vixens, que añaden al verde de innumerables maneras. A todos mis queridos alumnos, cuyas preguntas e ideas han enriquecido mis días; a todos en el café y el hotel (¡ustedes saben quiénes son!) donde escribí gran parte de este libro; a todos los pensadores creativos y minimalistas que me precedieron, cuyos escritos nos han enseñado a todos a mirar de nuevo, literalmente a re-visar, nuestras vidas. Y a James, mi mejor amigo durante tantas temporadas, quien hace que todo sea posible.